珍藏版

# 科学外史

An Alternative History of Science

江晓原 著

上海人民出版社

# 前　言

《科学外史》是我为法国时尚科学杂志《新发现》中文版写的专栏，这个专栏每月一次，已经写了十多年，在我的“长寿专栏”中名列第二。多承《新发现》杂志和其主编严锋教授的青眼，这个专栏我一直写得十分舒畅。虽然已经换了数任责编，但我们的合作一直很愉快。

不少朋友及学生，曾叩问我写专栏的“可持续之道”，他们感到好奇的是，为什么十多年了还没被“榨干”？答案其实平淡无奇——经常读书、思考问题而已。我在给学生上课、和研究生讨论问题、和学术拍档研究问题、回答媒体朋友的问题等等的活动中，都会获得灵感。我的朋友和拍档有时会给我出题目：“江老师，这个事情好有意思，你写一次新发现吧？”甚至自告奋勇为我提供资料。

后来又承当时的复旦大学出版社贺圣遂社长青眼，命将专栏文章集结，这才有了《科学外史》一书。出版之后，意外获得十余种荣誉，包括入选“2013 年中国好书”、入选中央国家机关干部读书活动 13 种推荐书目、获第 13 届上海图书奖一等奖等等，很快重印多次，得以跻身于出版社“双效益”图书之列。

此次珍藏版，文字内容没有变化，但抽换了一些插图，装帧及版面也重新设计，务求在原版基础上更臻美善。

江晓原

2017 年 5 月 18 日

于上海交通大学科学史与科学文化研究院

# 自　序

自从严锋主持《新发现》杂志，我就应邀为该杂志写“科学外史”专栏，每月一次，迄今已写了整整七年（从2006年第7期起）。在国内报纸杂志上，这样的专栏也算非常“长寿”了。但这还不是我最“长寿”的专栏——我和刘兵在《文汇读书周报》上的对谈专栏“南腔北调”，也是每月一次，从2002年10月起，迄今已持续了十一年。

回顾这些“长寿”专栏，皆有共同之处，通常刊物对作者高度信任，作者自己也在专栏上很用心。例如，《新发现》从不对我文章的主题和内容提出任何异议，几乎从不改动我文章中的任何字句（哪怕发现误植也要在电话中核实）。写了几年之后，杂志又将我专栏的篇幅从二页调整为三页（稿酬当然也有所提高）。投桃报李，我对“科学外史”专栏的撰写也越来越用心。“科学外史”逐渐成为我写得很开心的一个专栏。

“科学外史”当然与科学有关，但我并不想在这个专栏里进行传统的“科普”，而是想和读者分享我对科学技术的新解读和新看法。这些解读和看法都是在“反科学主义”（反

对唯科学主义）纲领下形成的，所以经常能够和老生常谈拉开距离。

“外史”是双关语：自学术意义言之，是科学史研究中与“内史”对应的一种研究路径或风格，重视科学技术与社会、文化等外部因素的关联及互动。自中国传统修辞意义言之，则有与“正史”相对的稗史、野史之意，让人联想到《赵飞燕外传》、《杨太真外传》之类，更家喻户晓的还有《儒林外史》。以前我写过一本《天学外史》，比较侧重“外史”的学术意义；现在这本《科学外史》，则是上述两种意义并重了。

我写专栏，绝大部分情况下每次写什么题目都不是预定的，总是到时候临时选定题目，这样做的好处是，既可以让喧嚣的红尘生活为专栏的选题提供灵感，还能够让每次的话题在“科学外史”这个广阔的范围中随意跳跃。

这些专栏文章见刊后，我会贴上我的新浪博客，它们经常会上博客首页，有时还会上新浪首页。看来它们得到了一部分读者的欢迎。

复旦大学出版社的贺圣遂社长，一直对这个专栏青眼有加，谬奖之余，遂有结集出版之议，我当然乐从。集子的书名，我和责编姜华想了很久，许多方案都不满意，我干脆就将专栏名称照搬过来，于是定名《科学外史》，开始编纂。

本来以为一个小集子应该很快编完，但中间出版社给我插进了另一个小集子《脉望夜谭》的任务——那是我在《博览群书》杂志上同名专栏的集结；接着我又有迁居之役，四万册图书，六千部电影，我花了近两个月才初步整理停当。另外还有种种俗务缠身，搞得《科学外史》屡编屡辍。责编姜华一直耐心催促和等待，我则惭愧之至。眼看又一个暑假来临，这件事无论如何不应该再拖了，今天终于将它编完。

因为专栏已经写了七年，如果将七年的文章全编进去，篇幅就太大了。我决定先编入一部分，共四十九篇。其余的将来编入《科学外史·Ⅱ》。但是我打散了这些文章见刊时的先后顺序，将这些题目跳跃多变的文章按照若干专题重新组合，这样阅读起来更有条理；如果读者想挑着阅读，选择起来也更方便。

江晓原

2013 年 6 月 24 日

于上海交通大学科学史与科学文化研究院

# 目　录

前言 1

自序 1

## 昨夜星辰

为什么孔子诞辰可以推算 3

天狼星颜色之谜：中国古籍解除恒星演化理论的困扰 8

那颗彗星，它是哈雷彗星吗 14

《周髀算经》里那些惊人的学说 19

谁告诉了中国人寒暑五带的知识 24

三件奇物的复制问题 30

古代历法：科学为伪科学服务吗 34

望远镜及其在中国的早期谜案和遭遇 38

## 千秋寂寞

羊皮书上的一场科学史奇案 45

泰山北斗《至大论》(上) 51

泰山北斗《至大论》(下) 56

星占之王：从《四书》说起 61

他还是地理学的托勒密 67

一个改变了世界的历史伟人 73

伽利略的两本书：霍金都会搞错 78

开普勒：星占学与天文学的最后交点 85

传记中的牛顿：从科学家到炼金术士 90

爱因斯坦：曾经的超级“民科” 96

霍金：老生常谈也能作出新贡献 102

《大设计》：一个科学之神的晚年站队 108

## 性命交关

中国一项真正的世界第一 117

取悦女性还是战胜女性 123

作为养身之道的房中术 128

“内丹”之谜：自然奥秘还是人间神话？ 133

## 四大发明

重新评选中国的“四大发明” 141

司南：迄今为止只是一个传说 146

火药及其西传：究竟是谁将骑士阶层炸得粉碎 153

中韩印刷术发明权争夺战回顾（上） 158

中韩印刷术发明权争夺战回顾（下） 163

## 兵凶战危

钓鱼城：战争史诗中的技术　171
杀人武器背后的人道底线　177
为何全球航空母舰只剩了十分之一　184
萨哈罗夫和福明海军少将的故事　190

## 外星文明

费米佯谬：随口一言竟成纲领　197
“费米佯谬”之中国解答　202
UFO 谈资指南　208
星际航行：一堂令人沮丧的算术课　215

## 似真似幻

上古长寿之谜：西方和东方的故事　223
玛丽·雪莱还能当科幻的祖师奶奶吗　228
克拉克：一个旧传统的绝响　235
科学家与电影人之同床异梦　241
“科学技术臣服在好莱坞脚下”　247
多世界：量子力学送给科幻的一个礼物　253

## 科学政治

疯狂的恶棍与天才数学家　261
日食的意义：从“杀无赦”到《祈晴文》　267
FBI 监控爱因斯坦：一种科学政治学　276

全球变暖：幻影中的科学政治学 283

饮用水加氟：一个温故知新的故事 290

毒品大麻：一个科学研究的故事 295

# 昨夜星辰

# 为什么孔子诞辰可以推算

并不是所有历史人物的诞辰都可以用天文学方法推算，但孔子的诞辰恰好可以。这是因为在有关的历史记载中，孔子诞辰碰巧与一种可以精确回推的周期天象——日食——有明确的对应关系。

在此之前，孔子诞辰历来就有争议，前人也尝试推算过。但是当我们注意到日食之后，这个推算工作就可以变得相当“投机取巧”了。具体的推算过程我已经于 1998 年在海峡两岸同时发表了。不过，此事虽然不算复杂，但涉及一些大众不太熟悉的约定，从八年来的反映看，仍有一些读者不无疑问。

关于孔子的出生，一共只有三条历史记载传世：

1.《史记·孔子世家》：鲁襄公二十二年而孔子生。

2.《春秋公羊传》：（鲁襄公）二十有一年……九月庚戌朔，日有食之。冬十月庚辰朔，日有食之。……十有一月，庚子，孔子生。

3.《春秋穀梁传》：（鲁襄公）二十有一年……九月庚戌朔，

日有食之。冬十月庚辰朔，日有食之。……庚子，孔子生。

第 1 条没有月、日的记载，无法提供诞辰；第 2 条自己有矛盾——“十月庚辰朔”之后 20 天是庚子，则整个十一月中根本没有“庚子”的日干支。只有第 3 条自洽而且提供了月份和日期，因此当然只能依据这一条来推算孔子诞辰。

很多人以为，要推算以中国夏历记载的历史事件日期，就必须知道该历史事件当时所使用的历法。这在一般情况下是对的，前人推算孔子诞辰也全都遵循这一思路。但公元前 6 世纪时中国所用历法的详情，迄今尚无定论，前人推算孔子诞辰之所以言人人殊，主要原因就在这里（因为各家都要对当时的历法有所假定和推测）。

其实孔子诞辰问题非常幸运，它根本不必遵循上述思路。因为在上述第 3 条记载中，有日食记录，而且已经分别提供了日食那天和孔子诞生那天的纪日干支（历史学界一致约定中国古代的纪日干支数千年来连续并且没有错乱），这就使我们可以借助天文学已有的成果，一举绕过历法问题而直取答案。

这些已有的天文学成果包括：

1. 对历史上数千年来全部日、月食的精确回推计算。

2. 对公元前日期表达的约定：即公元前日期用儒略历表达。所谓“公元前”，是我们对公元纪年的向前延伸，延伸自然应该连续，不能设想让公元 16 世纪才开始使用的格里历向前跳跃一千五百多年去延伸。格里历虽比儒略历精确些，但天文学家推算历史日期时，其实并不使用这两种历法中的任何一种，而只是约定使用儒略历来表达——这只是为了方便公众理解而已。

3.“儒略日”计时系统：这是一种只以日为单位（没有年和月），单向积累的计时系统，约定从公元前4713年1月1日（儒略历）起算。这可以使天文学家在推算古代事件时，避开各古代文明五花八门的历法问题，获得一个共同的表达系统。中国古代连续不断的纪日干支系统实际上与“儒略日”异曲同工。

4. 中国古代纪日干支与公历日期的对应。

那么，鲁襄公二十一年是公元前552年，这年8月20日（儒略历），在曲阜确实可以见到一次食分达到0.77的大食分日偏食，而且出现此次日食的这一天，纪日干支恰为庚戌，这就与“九月庚戌朔，日有食之”的记载完全吻合（至于“冬十月庚辰朔，日有食之”的记载则无法获得验证，这次日食实际上并未发生）。然后，从“九月庚戌”逐日往下数50天，就到十月“庚子”，这天就是孔子的诞辰——事情就这么简单！

从下面这个表可以看得更清楚：

| 儒略日 | 史籍记载历日 | 天象与事件 | 公历日期（公元前） |
|---|---|---|---|
| 1520037 | 襄二十一年九月庚戌朔 | 日食 | 552年8月20日 |
| 1520067 | 襄二十一年十月庚辰朔 | 日食（实际未发生） | 552年9月19日 |
| 1520087 | 襄二十一年十月庚子 | 孔子诞生 | 552年10月9日 |
| 1546536 | 哀十六年四月己丑 | 孔子去世 | 479年3月9日 |

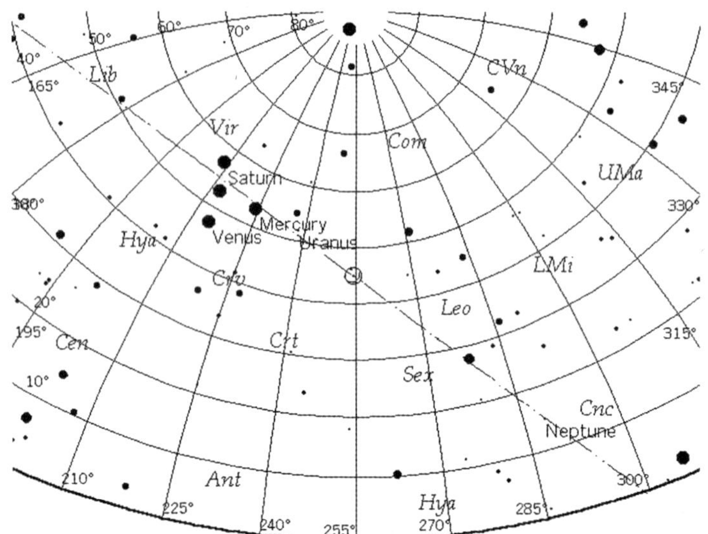


**电脑模拟的公元前 522 年 8 月 20 日在曲阜所见的日食及天象**

《史记·孔子世家》说“鲁襄公二十二年而孔子生”，但下文叙述孔子卒年时，却说“孔子年七十三，以鲁哀公十六年四月己丑卒”，鲁哀公十六年即公元前 479 年，551 减 479 只有 72 岁，这个问题只能用“虚岁”之类的说法勉强解释过去。

所以结论是：

孔子于公元前 552 年 10 月 9 日诞生，公元前 479 年 3 月 9 日逝世。

这个结果与《史记》中“孔子年七十三”的记载确切吻合。

另外，在上面的推算中，不需要对公元前 6 世纪的中国历法作任何假定和推测，事实上，我们根本不需要知道当时用什么历法。

顺便说说，邮电部在 1989 年发行“孔子诞辰 2 540 周年”纪念邮票，是依据孔子诞辰为公元前 551 年而发的，这就在年份上出了差错，因为 1 989 +（551 − 1）= 2 539 年。这是一个低级错误，并不存在一个“公元 0 年”，所以公元前的年数必须减去 1。同样道理，2006 年就是孔子诞辰 2 556 周年。2007 年纪念孔子时，改正这个错误的出路只有两条——或者再纪念一次孔诞 2 557 周年，或者采纳孔诞为公元前 552 年 10 月 9 日的结论，倒又可以纪念 2 558 周年了。

还有的人可能出于“国粹”之类的考虑，对于“阳历的孔子生日”极为反感，其实也无必要——在推算出正确的孔子诞辰之后，我们完全可以用对应的农历日期来表达孔诞（比如 2006 年这一次就是“丙戌年八月十八日”），只是这样的话，每年对应的农历日期就要浮动了，不方便记忆。

目前国家有关部门和孔子家族尚未正式接受我所推算的结果。他们可能有他们的考虑。关于伟人诞辰之类的问题，以前有一位学者说得非常好：确定孔子哪天诞生是科学问题，而在哪天纪念孔子是政治问题。作为学者，只需关心前者可矣。

# 天狼星颜色之谜：中国古籍解除恒星演化理论的困扰

天狼星（Sirius, 即 $\alpha$ CMa——大犬座 $\alpha$ 星）是全天最亮恒星，呈耀眼的白色。它还是目视双星①，其中 B 星又是最早被确认的白矮星。但自从现代天体演化理论确立之后，这一非常成功的理论，却因西方古代对天狼星颜色的某些记载而被困扰了百余年。

在古代西方文献中，天狼星常被描述为红色。学者们在古巴比伦楔形文泥版书中，在古希腊、罗马时代托勒密（Ptolemy）、塞涅卡（L. A. Seneca）、西塞罗（M. T. Cicero）、贺拉斯（Q. H. Haccus）等著名人物的著作中，都曾找到这类描述。

按现行恒星演化理论，及现今对天狼双星的了解，其 A 星正位于主星序②上，根本不可能在一两千年的时间尺度上

① 目视双星：指通过望远镜，人眼可以直接分辨出来的双星。

② 主星序：在赫—罗图上，大多数恒星分布在图中左上方至右下方的一条狭长带内，从高温到低温的恒星形成一个明显的（转下页）

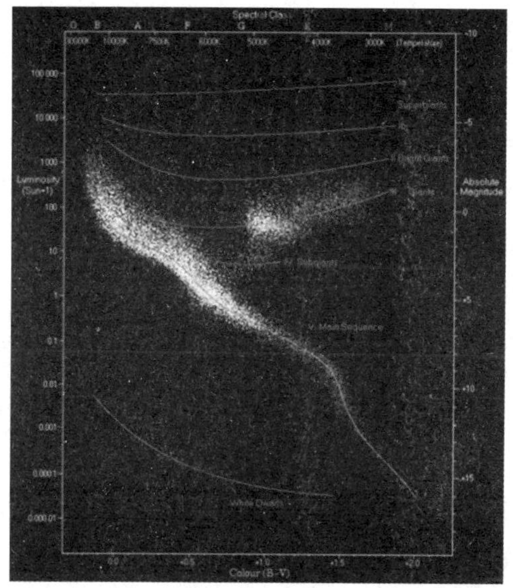


**赫一罗图**

改变颜色。

考虑到恒星在演化为白矮星之前会经历红巨星阶段，若认为天狼B星曾经有盛大的红光掩盖了A星，似乎有希望解释古代西方关于天狼星呈红色的记载。然而按现行恒星演化理论，从红巨星演化为白矮星，即使考虑极端情况，所需时间也必然远远大于一千五百年，故古代西方的记载始终无法在现行恒星演化理论中得到圆满解释。

---

（接上页）序列，称为“主星序”。赫一罗图：1911年丹麦天文学家Hertzsprung，1913年美国天文学家Russell，各自独立发现的恒星光度和光谱型（等价于颜色，或表面温度）之间的关系图，简称为赫一罗图（HR-diagram）。赫一罗图可以给出相关恒星的大量信息，还能相当直观地反映恒星演化模型，因此这是天体物理学中一个非常漂亮的成果。

1985 年，W. Sehlosser 和 W. Bergnmma 又旧话重提，他们宣布在一部中世纪早期手稿中，发现了图尔的主教格里高利（Gregory）写于公元 6 世纪的作品，其中提到的一颗红色星可确认为天狼星，因而断定天狼星直到公元 6 世纪末仍呈红色，此后才变白。由此引发对天狼星颜色问题新一轮的争论和关注。

于是天文学家只能面临如下选择：或者对现行恒星演化理论提出怀疑，或者否定天狼星在古代呈红色的说法。

其实，西方对天狼星颜色的古代记述并非完全无懈可击：塞涅卡、西塞罗、贺拉斯等人，或为哲学家，或为政论家，或为诗人，他们的天文学造诣很难获得证实；托勒密虽为大天文学家，但其说在许多具体环节上仍不无提出疑问的余地（例如他说的那颗红色星是不是天狼星）。至于格里高利所记述的红色星，不少人认为其实是大角（Arcturus，α Boo）——该星正是明亮的红巨星。

而另一方面，古代中国的天文学—星占学文献之丰富，以及天象记录之系统细致，是众所周知的。因此，我感到有必要转而在早期中国古籍中寻求证据。我曾先后花了数年时间，尝试在浩如烟海的中国古籍中寻找能够解决天狼星颜色问题的史料。最后出乎意料，竟在星占学文献中找到了决定性的证据。

古代中国星占文献中所提到的恒星和行星颜色，几乎毫无例外都是着眼于这些颜色的星占学意义。中国古代有“五行”之说，渗透到诸多领域，“五行”学说在星占学中的应用之一，就是用“五行”以配星之五色。而众星既有五色，就需要指定某些著名恒星作为五色的标准星。因此，星占文献中所涉及的恒星颜色，只有对这些标准星本身颜色的记载，才是真正可靠的。

这种关于标准星颜色的记载数量很少，现今所见最早记述出自司马迁笔下,《史记·天官书》中谈论金星颜色时，给出五色标准星如下：

> 白比狼，赤比心，黄比参左肩，苍比参右肩，黑比奎大星。

上述五颗恒星依次为：天狼星、心宿二（$\alpha$ Sco）、参宿四（$\alpha$ Ori）、参宿五（$\gamma$ Ori）、奎宿九（$\beta$ And）。

司马迁对五颗恒星颜色记述的可靠性，可由下述事实得到证明：五颗星中，除天狼因本身尚待考察，暂置不论外，对其余四星颜色的记载都属可信。心宿二，光谱为 $M_1$ 型，确为红色；参宿五，$B_2$ 型，呈青色（即苍）；参宿四，今为红色超巨星，但学者们已证明它在两千年前呈黄色，按现行恒星演化理论是完全可能的；最后的奎宿九，Mo 型，呈暗红色，但古人将它定义为黑也有道理——因与五行相配的五色有固定模式，必定是青、红、黑、白、黄，故其中必须有黑，而若真正为“黑”，那就会看不见而无从比照，故必须变通。

这里还有一个可以庆幸之处：古人既以五行五色为固定模式，必然会对上述五色之外的中间状态进行近似或变通，硬归入五色中去，则他们谈论这些星的颜色时难免不准确；然而在天狼星颜色问题中，恰好是红、白之争，两者都在上述五色模式中，故可不必担心近似或变通问题。这也进一步保证了利用古代中国文献解决天狼星颜色问题时的可靠。

下表是中国早期文献（不必考虑公元7世纪之后的史料）中仅见的四项天狼星颜色可信记载的原文、出处、作者和年代一览。

| | 原　文 | 出　　处 | 作　　者 | 年　代 |
|---|---|---|---|---|
| 1 | 白比狼 | 《史记·天官书》 | 司马迁 | 100B.C. |
| 2 | 白比狼 | 《汉书·天文志》 | 班固、班昭、马续 | 100A.D. |
| 3 | 白比狼星、<br>织女星 | 《荆州占》 | 刘表 | 200A.D. |
| 4 | 白比狼星 | 《晋书·天文志中》 | 李淳风 | 646A.D. |

以上四项记载的可靠性，都经过了详细考证。至此已可确知：在古代中国文献的可信记载中，天狼星始终是白色的。不仅没有红色之说，而且千百年来一直将天狼星视为白色标准星。这在早期文献中是如此，此后更无改变。因此可以说，现行恒星演化理论从此不会再因天狼星颜色问题而受到任何威胁了。

我的发现在1992年的《天文学报》上发表之后，次年即在英国刊物上出现了英文全译本，天文学史泰斗席泽宗院士评论说："文仅五千字，却解决了困惑着西方天体物理学家百余年的天狼星颜色问题，是我国天文学史古为今用的传统研究方向上又取得的一项重要成果。"这也算是我为天体物理这个我念了四年的专业所作的唯一贡献。

# 那颗彗星，它是哈雷彗星吗

当年哈雷（E.Halley）研究古代有观测记录的24颗彗星的轨道，发现公元1531年、1607年、1682年出现的大彗星轨道非常相似，遂推测它们应该是同一颗彗星，周期为七十六年，并预言它将在1758—1759年之际再度回归。之后该彗星果然如期而至，证实了哈雷的推测，该彗星由此得名哈雷彗星，哈雷本人也因此名垂青史。

哈雷彗星可以说是天赋异秉，“出道”的故事又名动江湖，围绕着它的前世今生，注定了要有许许多多故事。这里只讲一件不太为人所知的。

在我们的太阳系中，已知其轨道的彗星虽有上千颗，但其中具有椭圆轨道的只占约30%（大致而言，随着统计资料的更新有所浮动），称为周期彗星，其余都是抛物线轨道（约占60%）和双曲线轨道（约占10%）——它们接近太阳一次后就一去不复返了。

之所以说哈雷彗星是“天赋异秉”，首先就表现在周期上。人们将周期两百年以上的彗星称为“长周期彗星”，周期两百年以下的则是“短周期彗星”。那些周期很长的彗星，比如长达几千年的，今人难免觉得几千年后的验证没有什么意义。周期太短的呢？老在你眼前晃动，太司空见惯了，也就没什么稀罕。而哈雷彗星的七十六年周期，长度实在是恰到好处：从等待验证来说，它足够短（哈雷所预言的回归发生时，哈雷本人虽已去世十六年，但一生见到两次哈雷彗星的颇有人在）；从预言的惊人效果来说，它又足够长。

对于这样的周期彗星，专门有一个名称——“**哈雷型彗星**”（周期在二十年至两百年之间的），包括哈雷彗星本身在内，已知的**哈雷型彗星**共有 23 颗。

之所以回忆这些数字，是因为有一段公案要靠它们来解决。

很早就有人指出，在哈雷“发现”哈雷彗星之前，这颗彗星至少有 30 次回归都已经被古人观测到。例如，从春秋时代鲁文公十四年（公元前 613 年）到清代宣统二年（公元 1910 年），哈雷彗星共回归 29 次，中国古籍中都有记录。当然，我们并不能据此就宣称中国人早在春秋时代就“发现”了哈雷彗星，因为中国人虽然记录了它 29 次，但并未像哈雷那样意识到这些记录的对象可能是同一颗彗星。

虽然中国人未能发现哈雷彗星，但是 29 次回归记录，毕竟也是非常珍贵的科学史料，所以自然会有天文学家来研究这些记录。已故紫金山天文台张钰哲台长，就是这样的研究者之一。一段有趣的公案由此发生。

张钰哲研究哈雷彗星轨道的长期演化，注意到《淮南子·兵略训》中的记载："武王伐纣，彗星出而授殷人其柄"，他想到，如果这颗彗星是哈雷彗星，就可以据此确定武王伐纣在哪一年。

但张钰哲并没有说《淮南子·兵略训》所载武王伐纣时的彗星肯定是哈雷彗星，而只是说："**假使**武王伐纣时所出现的彗星为哈雷彗星，那么武王伐纣之年便是公元前1057—前1056年。"张钰哲的假设性的结论在《天文学报》发表之后，影响颇大。这本来是一个相当严谨而稳妥的说法，但是不少学者显然忽视了张钰哲上述结论中的"**假使**"二字。历史学家赵光贤认为"此说有科学依据，远比其他旧说真实可信"，并在《历史研究》上撰文作补充说明，遂使武王伐纣为公元前1057年之说广泛传播。一位历史学家的话堪称典型例证："1057年之说被我们认为是最科学的结论而植入我们的头脑。"

现在的问题是，张钰哲注意到的《淮南子·兵略训》中所说的那颗出现在武王伐纣时的彗星，它究竟是不是哈雷彗星？或者再退一步问：它是哈雷彗星的概率有多大？

这两个问题，张钰哲在他的上述论文中都没有触及。但是，至少后面那个问题，是有办法解决的。

我们先设法估算古代被观察并记录下来的彗星中，**哈雷型彗星**所占的比例：

据 Hasegawa 在 1980 年发表的肉眼可见彗星星表，公元 1701—1900 年这两百年间：星等≤6（星等再暗肉眼就看不见了）的彗星共出现 177 次，其中，**哈雷型彗星**共 9 次，占 5%。

又，研究表明，历代正史中的彗星记录是可靠的（地方志中的记录不甚可靠）。因此我们可以统计正史中彗星的分布情况：在公元 1—1500 年间，正史中共记录了 345 次彗星（如有多处记录，但从时间和方位上判断，是同一颗彗星同一次出现，则只计为一次）。其中，目前已证认的短周期彗星 22 次（均为**哈雷型彗星**，其中哈雷彗星就占 19 次），约占 6%。

这样，我们可以认为，在古代记录的彗星中，**哈雷型彗星**至多只占 6%。

接着我们将注意力集中到**哈雷型彗星**上：

目前已发现的**哈雷型彗星**共 23 颗，其中包括哈雷彗星在内的周期小于一百年的有 17 颗，而武王伐纣年代的争议范围，最大极限不出一百年（公元前 1000—前 1100 年），因此，如果回推的话，至少这 17 颗**哈雷型彗星**会在公元前 1000—前 1100 年间出现，这样，确定《淮南子 · 兵略训》中所记载的彗星为这 17 颗中的哪一颗的可能性，就小于十七分之一了。

再与前面统计所得**哈雷型彗星**在古代记录的彗星中所占比例（6%）相乘：即 6% 的十七分之一，也就是 0.35%。

这就是说，确定《淮南子 · 兵略训》所记载的武王伐纣

时的彗星，为某一颗**哈雷型彗星**的最大概率是 0.35%。

如果我们设定这“某一颗**哈雷型彗星**”就是哈雷彗星，那么就是说，《淮南子·兵略训》所记载的武王伐纣时的彗星，是哈雷彗星的最大概率，只有 0.35%。

这等于是说，《淮南子·兵略训》所记载的武王伐纣时的彗星，几乎不可能是哈雷彗星。所以无法根据这一记载来推断武王伐纣的年代。

一段公案，至此终于尘埃落定。

# 《周髀算经》里那些惊人的学说

## ——关于古代中外天文学交流的猜测之一

《周髀算经》中假托周公与商高的对话，因此曾被古人视为周代的著作，但现今学者们比较普遍的意见是《周髀算经》成书于公元前100年左右（西汉年间）。至于书中的内容究竟有多古老，则只能推测了。

古代中国天学家没有构造几何宇宙模型的传统，他们用代数方法也能相当精确地解决各种天文学问题，宇宙究竟是什么形状或结构，他们通常完全不去过问。但是《周髀算经》却是古代中国在这方面唯一的例外——书中构建了古代中国唯一的一个几何宇宙模型。这个盖天几何模型有明确的结构，也有具体的、绝大部分能够自洽的数理。

不过，《周髀算经》中盖天宇宙模型以前长期被人误解为“球冠形”，而据我考证的结果，这个模型的正确形状如图所示。

盖天宇宙是一个有限宇宙，其要点和参数如下：

1. 大地与天为相距80 000里的平行圆形平面。

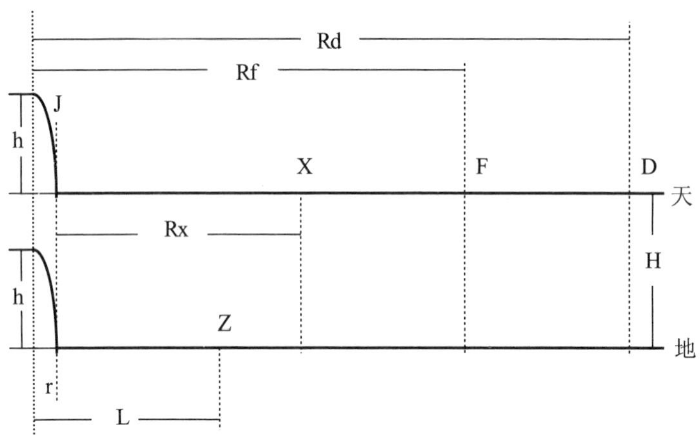


**周髀算经宇宙模型示意图及参数**

J　北极（天中）
Z　周地（洛邑）所在
X　夏至日所在（日中之时）
F　春、秋分日所在（日中之时）
D　冬至日所在（日中之时）
r　极下璇玑半径 = 11 500 里
Rx　夏至日道半径 = 119 000 里
Rf　春、秋分日道半径 = 178 500 里
Rd　冬至日道半径 = 238 000 里
L　周地距极远近 = 103 000 里
H　天地距离 = 80 000 里
h　极下璇玑之高 = 60 000 里

2. 天的中心为北极，在北极下方的大地中央有高大柱形物，即上尖下粗高 60 000 里的“璇玑”，其底面直径为 23 000 里，天在北极处也并非平面而是相应隆起。

3. 该宇宙模型的构造者在圆形大地上为自己的居息之处确定了位置，并且这位置不在中央而是偏南。

4. 大地中央的柱形延伸至天处为北极。

5. 日月星辰在天上环绕北极作平面圆周运动。

6. 太阳在这种圆周运动中有着多重同心轨道（“七衡六间”），并且以半年为周期作规律性的轨道迁移（一年往返一遍）。

7. 太阳的上述运行模式，可以在相当程度上说明昼夜成因和太阳周年视运动中的一些天象（比如季节的变化）。

8. 太阳光线向四周照射的极限是 167 000 里，与太阳运动最远处的轨道半径 238 000 里相加，即得盖天宇宙的最大尺度半径 405 000 里。

和希腊化时代托勒密精致的几何宇宙模型相比，《周髀算经》中的盖天宇宙模型当然是相当初级简陋的。这一点也不奇怪，但令我极为惊讶的是，盖天宇宙模型的上述八项特征，竟全都与古代印度的宇宙模型特征吻合！

关于古代印度宇宙模型的记载，主要保存在一些《往世书》（*Puranas*）中。《往世书》是印度教的圣典，同时又是古代史籍，带有百科全书性质。它们的确切成书年代难以判定，但其中关于宇宙模式的一套概念，学者们相信可以追溯到吠陀时代——约公元前 1000 年之前，因而是非常古老的。《往世书》中的宇宙模式可以概述如下：

大地像平底的圆盘，在大地中央耸立着巍峨的高山，名为迷卢（Meru，也即汉译佛经中的“须弥山”，或作 Sumeru，译成“苏迷卢”）。迷卢山外围绕着环形陆地，此陆地又为环形大海所围绕……如此递相环绕向外延展，共有七圈大陆和七圈海洋。

印度在迷卢山的南方。

与大地平行的天上有着一系列天轮，这些天轮的共同

轴心就是迷卢山；迷卢山的顶端就是北极星（Dhruva）所在之处，诸天轮携带着各种天体绕之旋转；这些天体包括日、月、恒星……以及五大行星——依次为水星、金星、火星、木星和土星。

利用迷卢山可以解释黑夜与白昼的交替。携带太阳的天轮上有180条轨道，太阳每天迁移一轨，半年后反向重复，以此来描述日出方位角的周年变化……

唐代释道宣《释迦方志》卷上也记述了古代印度的宇宙模型，细节上恰可与上述记载相互补充："……苏迷卢山，即经所谓须弥山也，在大海中，据金轮表，半出海上八万由旬，日月回薄于其腰也。外有金山七重围之，中各海水，具八功德。"

根据这些记载，古代印度宇宙模型，与《周髀算经》中的盖天宇宙模型岂非惊人地相似，在细节上几乎处处吻合？

1. 两者的天、地都是圆形的平行平面。

2. "璇玑"和"迷卢山"同样扮演了大地中央的"天柱"角色。

3. 周地和印度都被置于各自宇宙中大地的南部。

4. "璇玑"和"迷卢上"的正上方都是各种天体旋转的枢轴——北极。

5. 日月星辰都在天上环绕北极作平面圆周运动。

6. 如果说印度迷卢山外的"七山七海"在数字上使人联想到《周髀算经》的"七衡六间"的话，那么印度宇宙中太阳天轮的180条轨道无论从性质还是功能来说都与七衡六间完全一致（太阳在七衡之间的往返也是每天连续移动的）。

7.《周髀算经》中天与地的距离是八万里，而迷卢山也是高出海上“八万由旬”，其上即诸天轮所在，两者天地距离恰好同为八万单位。

8.《周髀算经》认为太阳光线向四周照射的极限是167 000里，而佛经《立世阿毘昙论》卷五“日月行品第十九”末尾云：“日光径度，七亿二万一千二百由旬。周围二十一亿六万三千六百由旬。”虽具体数值有所不同，但也设定太阳光照半径是有限的固定数值，也已经是惊人的吻合了。

在人类文明发展史上，文化的多元自发生成是完全可能的，因此许多不同文明中有相似之处，也可能是偶然巧合。但是《周髀算经》的盖天宇宙模型与古代印度宇宙模型之间的相似程度实在太高——从整个格局到许多细节都一一吻合，如果还要用“偶然巧合”去解释，无论如何是太勉强了。

# 谁告诉了中国人寒暑五带的知识

## ——关于古代中外天文学交流的猜测之二

古代中国人最初有所谓“天圆地方”的观念，后来被天学家普遍接受的主流宇宙学说则是“浑天说”——类似希腊化时代托勒密的地心体系，但因为其中大地的半径大到宇宙半径的一半，始终无法发展出希腊天文学家的球面天文学，中国传统的天球和地球坐标系统也一直是不完备的。所以，当我在《周髀算经》中发现相当于地球上寒暑五带的知识时，再次感到非常惊异——因为这类知识是以往两千年间，中国传统天文学说中所没有、而且不相信的。

这些知识在《周髀算经》中主要见于卷下第九节中的三条记载：

> 1. 极下不生万物，何以知之？……北极左右，夏有不释之冰。
>
> 2. 中衡去周七万五千五百里。中衡左右，冬有不死之草，夏长之类。此阳彰阴微，故万物不死，五谷一

岁再熟。

3. 凡北极之左右，物有朝生暮获，冬生之类。

这里需要先作一些说明：

根据上篇文章中的说明，我们知道《周髀算经》中的宇宙模型是：天、地为平行的圆形平面，在大地中央矗立着高达六万里的“璇玑”，即大地的北极，向上正对着北天极。围绕着北极的依次是被称为“内衡”、“中衡”和“外衡”的同心环形带——很像从地球北极上方俯视下来时，看到的一圈圈等纬度线。

第1条记载强调了北极下方的大地区域是苦寒之地，“不生万物”、“夏有不释之冰”。

第2条记载中，所谓“中衡左右”，这一区域正好对应于地球寒暑五带中的热带（南纬23°30′至北纬23°30′之间）——尽管《周髀算经》中并无地球的观念，但对于热带地区来说，“冬有不死之草”、“五谷一岁再熟”等景象，确实是真实的。

第3条记载中，说北极左右“物有朝生暮获”。这就必须联系到极昼、极夜现象了。据前所述，圆形大地中央的“璇玑”之底面直径为23 000里，则半径为11 500里，而《周髀算经》所设定的太阳光芒向其四周照射的极限距离是167 000里；于是，由上篇文章图中清楚可见，每年从春分至秋分期间，在“璇玑”范围内将出现极昼——昼夜始终在阳光之下；而从秋分到春分期间则出现极夜——阳光在此期

间的任何时刻都照射不到“璇玑”范围之内。这也就是汉代赵爽在为《周髀算经》所作注释中所说的“北极之下，从春分至秋分为昼，从秋分至春分为夜”，因为这里是以半年为昼、半年为夜。

《周髀算经》中上述关于寒暑五带的知识，用今天已经知道的知识来判断，虽然它们并不是在古代希腊的球面坐标系中被描述的，但其准确性却没有疑问。然而这些知识，却并不是以往两千年间中国传统天文学中的组成部分！对于这一现象，可以从几方面来讨论。

首先，为《周髀算经》作注的赵爽，竟然表示不相信书中的这些知识。例如对于北极附近“夏有不释之冰”，赵爽注称：“冰冻不解，是以推之，夏至之日外衡之下为冬矣，万物当死——此日远近为冬夏，非阴阳之气，爽或疑焉。”又如对于“冬有不死之草”、“阳彰阴微”、“五谷一岁再熟”的热带，赵爽表示“此欲以内衡之外、外衡之内，常为夏也。然其修广，爽未之前闻”——他从未听说过。

从赵爽为《周髀算经》全书所作的注释来判断，他毫无疑问是那个时代够格的天文学家之一，为什么竟从未听说过这些寒暑五带知识？比较合理的解释似乎只能是：这些知识不是中国传统天文学体系中的组成部分，所以对于当时大部分中国天文学家来说，这些知识是新奇的、与旧有知识背景格格不入的，因而也是难以置信的。

其次，在古代中国居传统地位的天文学说——“浑天说”

周髀算經序

趙君卿 撰

夫高而大者莫大於天厚而廣者莫廣於地體恢洪而廓落形脩廣而幽清可以玄象課其進退然而宏遠不可指掌也可以晷儀驗其長短然其巨闊不可度量也雖窮神知化不能極其妙探賾索隱不能盡其微是以詭異之說出則兩端之理生遂有渾天蓋天兼而並之故能彌

清康熙年间毛晋汲古阁依据宋嘉定六年鲍澣之刻本刻印的《周髀算经》内文

赵爽为《周髀算经》作注，他总该是接受盖天学说之人，何以连他都对这些知识不能相信？

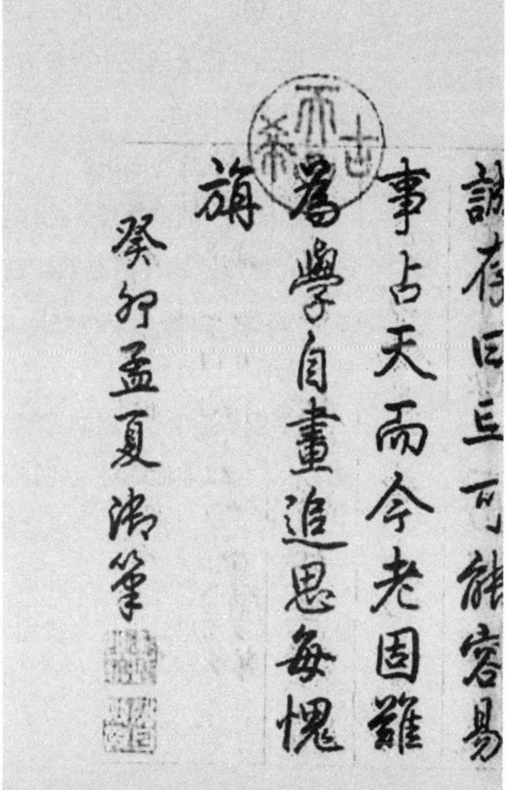

中，由于没有正确的地球概念，是不可能提出寒暑五带之类的问题来的。因此直到明朝末年，来华的耶稣会传教士在他们的中文著作中向中国读者介绍寒暑五带知识时，仍被中国人目为未之前闻的新奇学说。正是这些耶稣会传教士的中文著作，才使中国学者接受了地球寒暑五带之说。而当清朝初年“西学中源”说甚嚣尘上时，梅文鼎等人为寒暑五带之说寻找中国源头，找到的正是《周髀算经》。他们认为是《周髀算经》等中国学说在上古时期传入西方，才教会了希腊人、罗马人和阿拉伯人掌握天文学知识的——现在我们当然知道这种推断是荒谬的。

现在我们不得不面临一系列尖锐问题：

既然在浑天学说中因没有正确的地球概念而不可能提出寒暑五带的问题，那么《周髀算经》中同样没有地球概念，何以却能记载这些知识？

如果说《周髀算经》的作者身处北温带之中，只是根据越向北越冷、越往南越热，就能推衍出北极“夏有不释之冰”、热带“五谷一岁再熟”之类的现象，那浑天家何以偏就不能？

再说，赵爽为《周髀算经》作注，他总该是接受盖天学说之人，何以连他都对这些知识不能相信？

这样看来，有必要考虑这些知识来自异域的可能性。

大地为球形、地理经纬度、寒暑五带等知识，早在古希腊天文学家那里就已经系统完备，一直沿用至今。五带之说在亚里士多德的著作中已经发端，至“地理学之父”埃拉托色尼（Eratosthenes，公元前275—前195年）《地理学概论》中已经完备：南纬24°至北纬24°之间为热带，两极处各24° 的区域为南、北寒带，南纬24°至66°和北纬24°至66°之间则为南、北温带。

从年代上来说，古希腊天文学家确立这些知识早在《周髀算经》成书之前。《周髀算经》的作者有没有可能直接或间接地从古希腊人那里获得了这些知识呢？这确实是耐人寻味的问题。

## 三件奇物的复制问题

——古代科学仪器真能复制吗?

中国历史文献中记载的古代科学仪器，往往给人神秘莫测、令人敬畏的感觉。这种感觉很容易引发现代人研究这些仪器的热情，而研究热情高涨的极致，就是试图将所研究的仪器复制出来。但是复制古代仪器，费钱费工不说，还有许多理论上的难题。

现今特别知名的中国古代科学仪器，主要有这样三件：

1. 宋朝的“水运仪象台”：它被认为是集天体观测、天象演示、计时钟表、自动报时功能于一体的精密天文仪器，记载中说它能够以水为动力自动运行。

2. 汉代张衡的“候风地动仪”：历史记载中说它可以报告——经常被误解为预报——远方的地震。

3. 历代的指南车：一种相传是黄帝发明的神奇机械车辆，无论向任何方向行驶，车上的木人永远指着南方（与利用磁性的指南针无关）。

这三件奇物有不少共同点，比如，它们迄今都没有发现任何古代实物遗存，关于它们的功效、形制、结构等，都只见于古代文献中的记载。又如，它们都有多种现代复制品问世，而它们的复制者往往坚信只有自己的方案才是得到古人真意的。

此三件奇物的复制，又可以分成两种情形：

第一种情形是水运仪象台。由于有苏颂的《新仪象法要》一书传世，其中记载了水运仪象台的各种部件，有尺寸，有图形，这当然会使许多现代研究者热血沸腾，有不少人一头扎进去，为这件我们基本上可以相信确实是存在过的仪器呕心沥血。研究的最高表现，当然是要复制。现在北京的中国历史博物馆里就有一台 1958 年的复制品，此后国内和国外的复制品次第出现。

按照文献的记载，水运仪象台是一个高达 12 米左右的庞然大物，但 1958 年的复制品缩小为只是原记载尺度的五分之一。按照机械方面的一般情形，一个可以正常运行的机械装置，放大尺度之后，就未必能正常运行了，但是缩小尺度则通常不会有问题。然而，尽管学者们对宋代水运仪象台真的能够运行这一点深信不疑，但就是这个缩小的水运仪象台复制品，也不能实际运行，以至于被称为“仅供外观观赏的模型”。此后的复制尝试，也未见有报道能长期正常运行的——那种在里面装一个电动机的当然不在此列。

第二种情形是候风地动仪和指南车。这两件奇物没有水运仪象台那么幸运，关于内部结构和原理，只留下了片言只语的、可以有多种解释的原始记载，更没有像《新仪象法

要》那样的工程说明书留下来。文献中只是记载了它们有怎样的外形和功能，但这丝毫阻挡不住研究者的热情。特别是指南车的复制，国内学者如王振铎、刘仙洲，国外学者包括英国、荷兰等国的，纷纷投入。如果说在水运仪象台的研究中，许多学者还喜欢沉浸在某个部件是不是近代机械钟表中的擒纵器之类的理论性探讨的话，那么对于候风地动仪和指南车的研究来说，学者们似乎更愿意“直奔主题”进入复制。关于这两件奇物的复制，已经各有多种方案和实物问世。

然而上述两种情形的复制，其实都有很难解决的理论问题或原则问题。

在复制水运仪象台的努力中，研究者们似乎谁也没有怀疑，这个仪器在古代是不是真的成功运行过？这里提出这个怀疑并不是想捣乱，而是因为在中国古代，天文仪器除了作为研究时使用的工具之外，还有一个更为重要的身份——礼器。这是一个悠久的传统，数千年来一直如此。比如，清朝的各种天文仪器，包括西方人作为礼品送给皇帝的天文演示仪器，都记载在《皇朝礼器图式》中。

礼器是什么？礼器是用来和上天沟通、向世人夸示的，或者说就是在政治巫术中使用的法器。所以宋朝的水运仪象台，就是中国历史上最宏大、最奢侈、最壮丽的一件礼器。这样的礼器，平日藏在深宫禁苑，并不需要运行，只有当某些盛大仪式举行时，才会需要它运行一会儿。因此，如果它不能长期有效运行，也并不妨碍它作为礼器的功能——在那些庄严肃穆的盛大仪式中，它只需在仪式进行过程中保持运行即可，而且在这种场合，也不会有人去验证它的运行是否精密准确。

因此，复制水运仪象台的成功标准，实际上是很难确定的。

在候风地动仪和指南车的复制中，问题更为深刻——严格地说，这已经无法称为“复制”了，因为谁也无法明确知道当初的结构和原理。不如将这种努力称为“研制”更为准确。比如，对于候风地动仪，至少有两种方案，机械结构完全不同；对于指南车，目前较成熟的至少有定轴轮系、差动轮系两条技术路径，而仅定轴轮系就有至少三种不同方案。这些方案都能达成同样的效果，但我们无法知道古人到底用了什么方案。

更何况上面说的礼器问题，在这里也同样存在。历代指南车一直都是皇家礼器，它是皇帝出行时的仪仗之一，所以外形都硕大而华丽。关于指南车的实际运行，《南齐书》卷五十二中记载了一个生动例子：宋武帝北伐攻灭后秦姚兴政权，缴获了一具指南车，只是徒具外形，内部机械已经失去，但是这样一件重要礼器，又是北伐的战利品（中国历史上极少有南方政权北伐胜利的），当然要加入皇帝出行时的仪仗行列以便向臣民夸示，结果每次皇帝出行时，只好“使人于内转之”——就是让人躲在车中操纵指南车上的木人，以保持它始终指向南方。这个例子，对于想象礼器在古代的运行，应该不无启发。

# 古代历法：科学为伪科学服务吗

人们常说“天文历法”，但历法究竟是用来干什么的？也许你马上会想到日历（月份牌）——历法历法，不就是编日历的方法吗？这当然不算错，但编日历其实只是历法中极小的一部分功能。

当我们谈论“历法”时，其实涉及三种东西：

历谱，也就是今天的日历（月份牌），至迟在秦汉时期的竹简中已经可以看到实物。

历书，即有历注的历谱，就是在具体日子上注出宜忌（比如“宜出行”、“诸事不宜”之类）。这种东西在先秦也已经出现，逐渐演变到后世的“皇历”，也就是清代的“时宪书”。作为“封建迷信”的典型，传统的历书在20世纪曾长期成为被打击的对象，一度在中国大陆绝迹，近年则又重新出版流行。只是其中的历注较以前简略了不少。

历法，现今通常是指在历朝官修史书的《律历志》中保存下来的文献。其中包括94种中国古代曾经出现过的历法，时间跨度接近三千年。

许多人希望中国古代的东西多一些“科学”色彩，所以他们喜欢将中国历法称为“数理天文学”，这确实是科学，但这科学是为什么对象服务的？真相一说出来，却难免要大煞风景了。

欲知一部典型的中国古代历法究竟是何光景，可以唐代著名历法《大衍历》（公元727年修成）为例，其中包括如下七章：

“步中朔”章6节，主要为推求月相的晦朔弦望等内容。

“步发敛”章5节，推求二十四节气与物候、卦象的对应，包括“六十卦”、“五行用事”之类的神秘主义内容。

“步日躔”章9节，讨论太阳在黄道上的视运动，其精密程度，远远超出编制历谱的需要，主要是为推算预报日食、月食提供基础。

“步月离”章21节，专门研究月球运动。因月球运动远较太阳运动复杂，故篇幅远远大于上一章，其目的则同样是为预报日食、月食提供基础——只有将日、月两天体的运动都研究透彻，才可能实施对日食、月食的推算预报。

“步轨漏”章14节，专门研究与授时有关的各种问题。

“步交会”章24节，在前面“步日躔”、“步月离”两章的基础上，给出推算预报日食、月食的具体方案。

“步五星”章24节，用数学方法分别描述金、木、水、火、土五大行星的运动。

很容易看出，这样一部历法，主要内容，是对日、月以

及金、木、水、火、土五大行星这七个天体（古代中国称为“七政”）运动规律的研究；主要功能，则是提供推算上述七个天体任意时刻在天球上的位置的方法及公式。至于编制历谱，那只能算是其中一个很小、也很简单的功能。

那么古人为什么要推算七政在任意时刻的位置呢?

以前有一个非常流行的说法，说中国古代的历法是“为农业服务”的——指导农民种地，告诉他们何时播种、何时收割，等等。许多学者觉得这样的说法能够给我们古代历法增添“科学”的光环，很乐意在各种著述中采用此说。

但是许多事情其实只要稍一认真就能发现问题。姑以上面的《大衍历》为例，我们只消做一点最简单的思考和统计，就能发现“历法为农业服务”这个说法是多么荒谬。

且不说农业的历史远远早于历法的历史，在没有历法的时代，农民早就在种植庄稼了，那时他们靠什么来“指导”? 我们就看看历法中研究的七个天体，六个都和农业无关：五大行星和月亮，至少至今人类尚未发现它们与农业有任何关系；只剩下太阳，确实与农业有关。但对于指导农业而言，根本用不着将太阳运动推算到“步日躔”章中那样精确到小时和分钟——事实上，只要用“步发敛”章的内容，给出精确到日的历谱，在上面注出二十四节气，就足以指导农业了。

那好，我们就来统计《大衍历》：整部历法共 103 节，“步发敛”章只有 5 节，也就是说，整部历法中只有不到 5%

的内容与指导农业有关。由于《大衍历》是典型的中国古代历法，其他的历法基本上也都是这样的结构，因此也就是说，“历法为农业服务”这个说法，只有不到 5% 的正确性。

那么数理天文学剩下的 95% 以上的内容，是为什么服务的呢？——为星占学服务。

因为在古代，只有星占学需要事先知道被占天体运行的规律，特别是某些特殊天象出现的时刻和位置。比如，日食被认为是上天对帝王的警告，所以必须事先精确预报，以便在日食发生时举行盛大的仪式（禳祈），向上天谢罪；又如，火星在恒星背景中的位置经常有凶险的星占学意义，星占学家必须事先推算火星的运行位置。

如果认为星占学是伪科学，那么历法（数理天文学）这个科学就是在为伪科学服务。古波斯的《卡布斯教诲录》中说：“学习天文的目的是预卜凶吉，研究历法也出于同一目的。”这个论断，对于古代诸东方文明来说，都完全正确。

# 望远镜及其在中国的早期谜案和遭遇

——纪念天文望远镜四百周年

## 一千五百年前就有望远镜了吗？

望远镜与中国的渊源，如果从 17 世纪初来华耶稣会士汤若望（Johann Adam Schall von Bell）专门介绍望远镜的中文作品《远镜说》算起，已有将近四百年的渊源。再早些，耶稣会士阳玛诺（Manuel Dias）的中文作品《天问略》（公元 1615 年）中已经提到望远镜了。但这个渊源也可能更早些，这就要牵涉到望远镜究竟何时发明的问题了，而这个问题在现代西方学者中至今未有定论。

以前中国人曾以为是伽利略发明了望远镜，后来大都采纳西方比较流行的说法：由荷兰人于 1608 年发明，而伽利略只是闻讯仿制并首先将其用于天文学观测，1610 年他在威尼斯出版了《星际使者》（*Sidereus Nuntius*），书中报道了他用望远镜获得的六大发现。

但也有许多学者相信，在伽利略之前就已经有望远镜了。在望远镜发明权之争中，英国数学家迪格斯（Digges）父子是重要的候选人。据说托玛斯·迪格斯留下了一份详细的望远镜使用说明，这被认为可能是其父伦纳德·迪格斯生前已发明了望远镜的证据。伦纳德死于1571年，其时伽利略才7岁。

还有的学者相信，望远镜的历史还可以再往前追溯至少一千五百年！例如，在希腊化时代斯特拉博（Strabo）的《地理学》中，已经出现了最早的关于望远镜的记载。而13世纪的罗吉尔·培根（Roger Bacon）则是另一个著名的候选人，相传他曾在牛津亲自制作了一架望远镜。而在培根的著作中，甚至提到古罗马统帅恺撒（Julius Caesar）就拥有望远镜了。英国的罗伯特·坦普尔（Robert Temple）还报道了现今收藏在雅典卫城博物馆等处的多个古代水晶透镜，他认为用这些透镜构成一架简易的望远镜是轻而易举的，因此坚信古人早已拥有了望远镜。

## 从郑仲夔到李渔

中国明代留下的有关史料，在年代上当然不足以支持上述夸张的说法，但却也有若干可能将望远镜的历史推前的证据。

明人郑仲夔《玉麈新谭·耳新》卷八中的记载，如果属实的话，那就表明望远镜早在伽利略用以进行天文观测之前很久就已有了，并且还被最早进入中国的耶稣会传教士之一

利玛窦（Mathew Ricci）带到了中国。利玛窦于1582年到达中国，1600年起定居北京，1610年逝世——伽利略正是在这年出版《星际使者》的。《耳新》成书于1634年，此时《天问略》、《远镜说》两书皆已刊行，郑氏读到它们固属可能；但是上述二书中所述伽利略用望远镜观测到的六大天文发现（金星位相、月面山峰、土星光环、太阳黑子、木星卫星、银河众星），有五项郑氏都未提到。因此郑氏所记不像是因袭耶稣会士中文著作之说，很可能另有所据。

关于利玛窦的望远镜，《耳新》所言并非唯一的中文文献。比如清初的王夫之在《思问录·外篇》中也有“玛窦身处大地之中，目力亦与人同，乃倚一远镜之技，死算大地为九万里”之语，这是中国文献中关于利玛窦拥有望远镜的又一记载。而晚清著名学者王韬曾与传教士伟烈亚力合译《西国天学源流》一书，其中也谈到16世纪的望远望，说“伽利略未生时，英国迦斯空于1549年已用远镜于象限仪”，但学者们目前还未发现《西国天学源流》所据的原本。诸如此类的说法，都有可能从郑氏《耳新》的记载中获得间接支持。

1629年，徐光启奉命成立历局，召集来华耶稣会士编纂《崇祯历书》。据学者们考证，历局中已经装备有望远镜。在此后的年代中，西方的望远镜不断改进并越造越大，最终催生了现代天文学的主流——天体物理学。例如，1671年牛顿制作了反射望远镜，1672年卡塞格林（Cassegrain）式的反射望远镜也问世了。而海维留斯（Johannes Hevelius）1679

年毁于大火的天文台上的长焦距望远镜（当时为了避免“球面像差”而采用的流行做法）长达150英尺。但是一个令人印象深刻的事实是：中国人虽然也早就学会了制造望远镜的技术，却几乎不把它用在天文学上。

清代李渔（公元1611—1680年）有小说集《十二楼》，其中《夏宜楼》一篇，讲述一个书生在市场上购买了望远镜，用来窥看他心仪的美女，最后有情人终成眷属的故事。李渔要卖弄才学，居然在小说中留下了一长段关于望远镜的记述：

> 千里镜：此镜用大小数管，粗细不一。细者纳于粗者之中，欲使其可放可收，随伸随缩。所谓千里镜者，即嵌于管之两头，取以视远，无遐不到。……皆西洋国所产，二百年以前不过贡使携来，偶尔一见，不易得也。……数年以来，独有武林诸曦庵讳某者，系笔墨中知名之士，果能得其真传。所作显微、焚香、端容、取火及千里诸镜，皆不类寻常，与西洋土著者无异，而近视、远视诸眼镜更佳，得者皆珍为异宝。

其中“二百年以前不过贡使携来”一语，将望远镜来到中国的历史提前到了1480年之前，听起来相当大胆。毕竟是小说家言，不能完全视为信史，但据此推测望远镜的制造在17世纪后期的中国已经开始商业化，应该不算离谱。

## 南怀仁造的仪器上为何没有望远镜?

然而就在这个时候，另一位著名来华耶稣会士南怀仁（Ferdinand Verbiest），1673 年奉康熙之命建造了六座大型天文仪器——它们至今仍陈列在北京建国门古观象台上，基本保存完好。这六座大型皇家天文仪器有一个奇怪的、但是很少有人注意到的特点：它们全都未曾装置望远镜（哪怕只是用于提高测量精度的——这种想法和措施至迟 1640 年以后就在欧洲开始出现了）。古观象台上还有两座建造年代更晚的大型天文仪器，上面也未装置望远镜。

也就是说，最初是作为天文利器传入中国的望远镜，在中国甚至可以商业化生产之后，却并不被应用于天文学上。

北京古观象台上的大型仪器之所以没有装置望远镜，一个可能的解释是：南怀仁受了海维留斯保守观点的影响。海维留斯那时以精于天文观测著称于世，俨然第谷后身；他自己明明也热衷于装置大型望远镜用来观测天体，却终其一生坚决拒绝在用于方位测量的天文仪器上装置望远镜——尽管后来证明这样做可以明显提高观测精度。这一在今天看来难以理解的矛盾态度表明，一个新技术问世之初，有时并不能马上得到专家的充分信任。

# 千秋寂寞

# 羊皮书上的一场科学史奇案

## ——从《阿基米德羊皮书》看科学、技术、文物和投资

### 拍卖场上起波澜

古希腊阿基米德（Archimedes，约公元前287—前212年）是最富传奇色彩的古代科学家。如果说，“欧洲哲学传统最可信赖的一般特征就是，它是由对柏拉图的一系列注脚所构成的”（英国哲学家怀特海的说法），那么仿此完全可以说，“欧洲科学传统最可信赖的一般特征就是，它是由对阿基米德的一系列注脚所构成的”。事实上，阿基米德在世界科学史上的地位，在专家眼中远比公众眼中要高得多。

1998年之前，传世的阿基米德著作共八篇，依次是：《论平面平衡》、《抛物线求积》、《球体和圆柱体》、《测圆术》、《论螺线》、《论浮体》、《圆锥体和椭球体》、《数沙者》。这八篇的内容传自两个古代抄本系统，它们被专家称为“抄

本A”和“抄本B”。不幸的是这两个抄本都已佚失。

1998年，纽约克里斯蒂拍卖行出现了一件名为“阿基米德羊皮书”的拍品，这是一本非常破旧的小开本古代羊皮书，品相极差，起价却极高——80万美元。这是一本很不起眼的中世纪抄写的祈祷书，但是因为据信它原先是一本阿基米德著作的抄本，只是后来被人刮掉了原书字迹，再用来抄写祈祷书的（这种“废物利用”在古代并不罕见），所以身价不菲。

但更惊人的是，尽管希腊政府派出了官方代表参加竞拍，为购回国宝志在必得，却遇到一个神秘买家，此人挥金如土，在希腊代表的出价上不停地加价，最后竟将价格推升至200万美元！希腊政府无力再加价，“阿基米德羊皮书”遂被此人拍得。

神秘买家财大气粗，竟将希腊政府击败，真正用得上中国古代成语“富可敌国”了。此事立刻上了次日的《纽约时报》头版。更为神秘的是，这位神秘买家拒绝现身——拍卖会上出现的只是他的代表。面对媒体，他的代表只肯披露两点：一、买家是美国人；二、此人不是比尔·盖茨。

## 神秘买家和豪华团队

神秘买家拍得“阿基米德羊皮书”后不久，就自称“B先生”，派人找到巴尔的摩市的华尔特艺术博物馆手稿部主任诺尔博士，他要诺尔组织团队来研究“阿基米德羊皮书”，研究经费由他来资助。但研究结束后羊皮书要归还给他。

诺尔非常兴奋，就组织起一支阵容“豪华”的研究团队，包括了古代科学教授、数学史教授、中世纪艺术史教授、化学教授、数码成像专家、X射线成像专家、古籍手稿研究专家，等等，甚至“美国国家侦察局”的官员也自愿加入——不过他们都主要是在周末业余时间从事这项研究的。

研究过程中，B先生也经常参与决策。诺尔博士说，B先生“一直是负责的、考虑全面的、大方的”。这支研究团队辛勤工作了七年——从1999年至2006年，“这个项目从来没有发生资金短缺的问题”。

他们的第一步目标是：要将被那位祈祷书抄写者刮掉的阿基米德著作抄本复原！

本来已经快要散架的“阿基米德羊皮书”被一页页拆开，利用各种现代的成像技术，最终竟然真的完整重现了那份在七百多年前已经被从羊皮纸上刮去的抄本内容。于是传世阿基米德著作的第三个抄本重新出现了。它现在被称为“抄本C”，成为存世的阿基米德著作抄本中最古老的版本。

## “阿基米德羊皮书”改写了科学史

“抄本C”中包括了阿基米德的七篇著作：《论平面平衡》、《球体和圆柱体》、《测圆术》、《论螺线》、《论浮体》、《方法论》、《十四巧板》。其中前五篇是以前“抄本A”和“抄本B”系统已经承传下来，为世人所知的；而最为珍贵

的是最后两篇，即《方法论》和《十四巧板》，这是以前从未出现过的。

我们知道，文艺复兴得名“复兴”，“复兴”的对象就是希腊的知识和传统，所以那时的大师们无不汲汲以追求希腊著作为务（哪怕是经过希腊文—阿拉伯文—拉丁文这样重重转译的）。达·芬奇就曾尽力搜寻阿基米德的著作，但他无法看到《方法论》，因为文艺复兴时期的大师们只能依赖“抄本A”和“抄本B”（那时还未佚失）来了解阿基米德。而达·芬奇要是看到了《方法论》，他一定会爽然自失——原来阿基米德的研究和成就早在一千七百年前就大大超过他了。

学者们惊奇地发现，阿基米德在《方法论》中已经“十分接近现代微积分”，这里有对数学上“无穷”的超前研究，贯穿全篇的则是如何将数学模型进行物理上的应用。研究者们认为，“阿基米德有能力创造出伽利略和牛顿所创造的那种物理科学”，只不过当时其他的事占据着他的头脑，他是“非不能也，是不为也”。

这里不妨加一个小插曲。许多今天的公众，哪怕曾经受过相当良好的教育，通常也十分厌恶方程，所以史蒂芬·霍金的出版商曾对他说过“书中每放入一个方程书的销量就会减半”的名言。也许会有不少读者想象“阿基米德羊皮书”中是不是充满了方程和公式？但是非常奇怪，阿基米德在讨论无穷数学和数学模型之物理应用时，从不使用任何方程！原来希腊人是不使用方程的，他们用图形来解决问题。这对

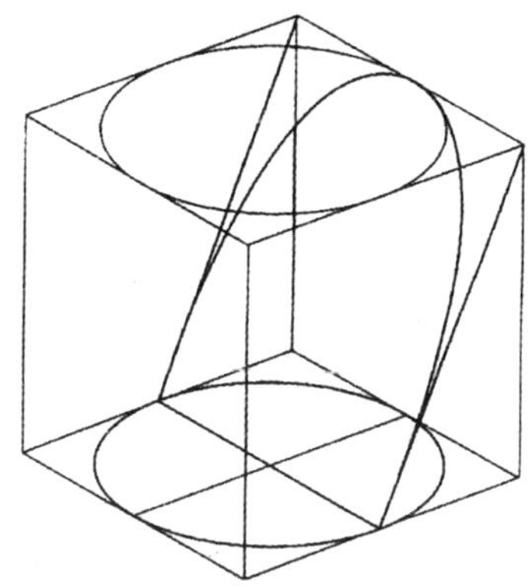

**希腊科学是视觉科学——他们不用方程用图形**

于习惯了用方程表达和讨论数学物理问题的现代人来说，确实也是一种全新的体验。

至于另一篇新发现的著作《十四巧板》，则又别开生面。尽管“十四巧板”这种古代游戏（比中国民间的“七巧板”更复杂些）在西方早已为人所知，但最初诺尔他们认为《十四巧板》既难以理解也无关紧要，也许只是阿基米德的游戏而已。不过后来研究组合数学的专家参加研究之后，又

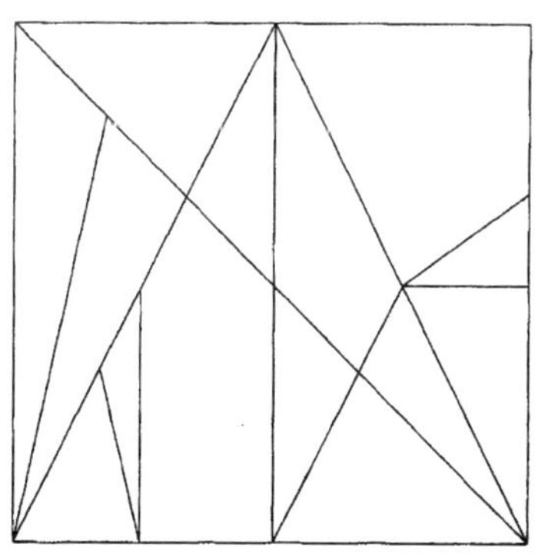

**十四巧板，其分割有明显的几何规则**

有了惊人发现——他们认为阿基米德在《十四巧板》中，其实是要讨论，总共有多少种方式将十四巧板拼成一个正方形？他们研究的答案是:《十四巧板》中的十四巧板总共有17 152种拼法可以得到正方形。这使他们相信,《十四巧板》是“希腊人完全掌握了组合数学这门科学的最早期证据”。

这样看来，“阿基米德羊皮书”提供的《方法论》和《十四巧板》这两篇阿基米德遗作的重新问世，确实可以说是“改写了科学史”。

## 资助学术也可以是投资?

神秘的“B先生”从竞拍“阿基米德羊皮书”，到资助学者研究它，固然对科学史、学术界和博物馆都有好处，但同时这也完全可以视为他事先规划好的一系列投资步骤——想想看，当这本破破烂烂的旧羊皮书变成了名满天下的“阿基米德抄本C”之后，而且还辅之以如此多姿多彩的传奇故事，那它将来在文物市场的身价，恐怕就远远不是200万美元打得住的啦!

# 泰山北斗《至大论》(上)

## 该谈谈托勒密了之一

托勒密（C. Ptolemy Claudius），本来是世界科学史上极少数最伟大的人物之一，但是在中国却颇受委屈，一直被排挤在科学伟人行列之外，他那些伟大的科学著作也没有任何一部被译成中文——连《至大论》也没有！现在能看到的唯一一篇《至大论》中文提要，只有一千多字，还是近四百年前来华耶稣会士德国人汤若望（J. Adam Shall von Bell）留下的。

看来，我们是该谈谈托勒密了。

但是，常见的谈论“其人其事”的套路对托勒密不适用，因为关于“其人”几乎没有什么可谈的——只知道他活动于公元2世纪上半叶，长期居住在亚历山大城（Alexandria，今属埃及）。所以我干脆就先从“其书”谈起。而要谈托勒密的书，首先当然应该谈科学成就最高、对后世影响最大的《至大论》。

《至大论》堪称西方古典天文学中的泰山北斗，是希腊

1496年威尼斯版《至大论》(*Almagest*)中的插图

数理天文学的渊薮，也是后来中世纪阿拉伯天文学和文艺复兴之后欧洲近代天文学的无可置疑的源头。从《至大论》问世之后，直到牛顿之前，其间所有伟大的西方天文学家，包括哥白尼、开普勒，没有一个不是吮吸着《至大论》的乳汁成长起来的——包括那些对托勒密体系不满意而想有所改进的人；其间所有重要的西方天文学著作，包括哥白尼的《天体运行论》，没有一部不是建立在《至大论》所奠定的基础之上的。

《至大论》全书十三卷。希腊文原名意为“天文学论集”，稍后常被称为“大论集”(可能是与另一部名为《小天文论集》的希腊著作相对而言的)。阿拉伯翻译家将书名译成 al-majisti，再经拉丁文转写，遂成 *Almagest*，成为此书的固定名称。此书的中文译名曾有《天文学大成》、《伟大论》、《大集合论》、《大综合论》等多种，但以《至大论》最简洁明了且符合原意。

《至大论》继承了欧多克斯（Eudoxus）、希帕恰斯（Hipparchus，活动于公元前 150—前 127 年间）所代表的古希腊数理天文学传统，并使之发扬光大，臻于空前绝后之境。托勒密在书中构造了完备的几何模型，以描述太阳、月亮、五大行星、全天恒星等天体的各种运动；并根据观测资料导出和确定模型中各种参数；最后再编算成各种天文表，由此能够在任何给定的时间点上，预先推算出各种天体的位置。

《至大论》第一、二卷主要讲述预备知识。包括地圆、地静、地在宇宙中心、地与宇宙尺度相比非常之小可视为点等。有不少篇幅用来讨论球面三角学，这在托勒密之前已由希腊数学家梅内劳斯（Menelaus）作了很大发展，今天的天文学家仍在使用。托勒密用球面三角学处理黄道、赤道以及黄道坐标与赤道坐标的相互换算。他确定黄赤交角之值为 23°51′20″。他还给出了太阳赤纬表，表现为太阳黄经的函数，这样就能掌握一年内太阳赤纬的变化规律，进而可以计算日长等实用数据。

第三卷专门讨论太阳运动理论。主要是解决太阳周年视运动速度的变化。托勒密用几何模型来描述这一问题，一年中太阳在远地点运行最慢，而在近地点运行最快。托勒密能

够给出任一时刻的太阳实际位置。许多现代学者认为，他在太阳运动方面的工作基本上未超出希帕恰斯的成就，但他采用的模型比希帕恰斯的要简单明快得多。

《至大论》第四、五两卷主要讨论月球运动理论。托勒密首先区分了恒星月、近点月、交点月和朔望月这四种不同概念。为了建立精确可用的月球运动表，托勒密采用两种不同的几何模型来处理月球运动。其一，由三次月食观测确定三处月球位置，因月食时月黄经恰与太阳黄经相差 180°，而太阳位置由卷三的理论已可准确得知，这样托勒密就能够推求出月球所在本轮的半径和对应的均轮半径。而在第二种月球运动模型中，托勒密处理了“出差”(evection)，这是月球运动理论史上最重要的进展之一。托勒密能成功地用几何模型来描述包括出差在内的各种月球运动差数，使之与实际观测结果吻合甚好。托勒密采用的黄白交角之值是 5°。这一卷中还讨论了日、月的视差等问题，但颇多错误。

《至大论》第六卷，在四、五两卷基础上，专论交食理论。这实际上可视为他在前面各卷中所述日、月运动理论的检验和应用。

第七、八两卷专论恒星。托勒密将自己的观测与希帕恰斯等前人的观测结果进行比较，讨论了岁差问题。希帕恰斯对岁差值的估计是“不小于每百年 1°”，但托勒密似乎就采纳了每百年 1 ° 之值，这样就使他的岁差值偏小了。这两卷的主要篇幅用于登载一份恒星表，即著名的“托勒密星表”，这是世界上最早的星表之一。

“托勒密星表”共记录了1 022颗恒星，分属于48个星座，每颗下都注有该星的黄经、黄纬、星等（从一至六等）三项参数。关于这份星表在多大程度上是承袭自希帕恰斯的，一直有许多猜测。表中各星，没有一颗是亚历山大城可见而罗得岛（Rhodes，希帕恰斯的天文台所在地）不可见的；况且在星表中注明各星黄经、黄纬及星等，将星分为六等之类，都是希帕恰斯开创的先例，因此颇有人怀疑托勒密的星表并非出自他亲自所测，不过是将希帕恰斯旧有之表加上岁差改正值而已。用现代方法检验，托勒密星表总的来说黄经值偏小，有的学者认为，造成这种误差的主要原因，是托勒密的日、月运动理论不完善，因为在古代西方，测定标准星坐标值的主要方法是借助太阳运动表，并以月亮为中介来进行，而其余恒星的坐标值是根据少数标准星来测定的。

# 泰山北斗《至大论》(下)

## ——该谈谈托勒密了之二

《至大论》从第九卷起，转入对行星运动的研究，用去五卷的巨大篇幅。如果说以前各卷的内容中，或多或少都有希帕恰斯的遗产，那么在这后五卷中，托勒密丰富多彩的创造和贡献是任何人都不会怀疑的。

在第九卷一开始，托勒密阐明了他所构造的地心宇宙体系，如右上图所示，这个体系从此成为欧洲和阿拉伯天文学普遍遵循的理论基础，长达一千余年。

这个体系从整体上看似乎相当一目了然，但实际上，要解决具体问题时就非常繁琐复杂了。为了用数学方式具体描述各行星的运动及状况，托勒密设计了如右下图所示的几何模型，用于处理土、木、火三颗外行星的情况。其中，$O$ 依旧表示地球，行星 $P$ 在其本轮上绕行，本轮之心 $C$ 在大圆（即均轮）上绕行，但是大圆之心虽为 $M$，$C$ 点的运行却只是从 $E$ 看去才是匀速的。$M$ 点与 $O$ 点及 $E$ 点的距离相等，其长度为 $e$，称为偏心率（eccentricity）。对于外行星而言，$e$

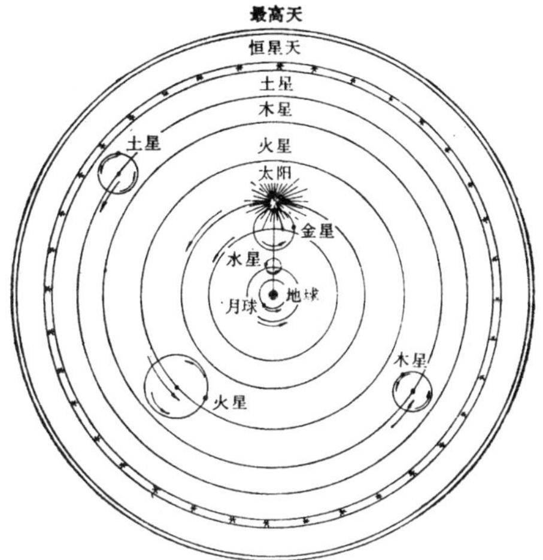


托勒密的宇宙体系

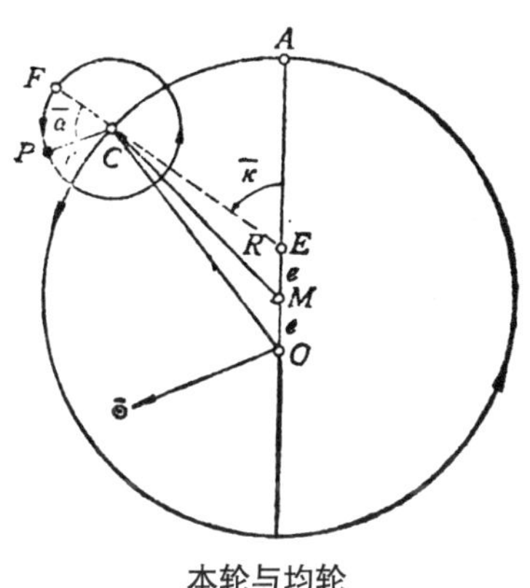


本轮与均轮

$P$：行星，绕行于本轮上

$C$：行星本轮的圆心，绕行于均轮上

$O$：地球

$M$：均轮的圆心

$E$：行星本轮圆心在均轮上的运行相对于 $E$ 点才是匀速的

$e$：偏心率

是一个经验系数，可根据最后计算所得行星位置与实测之间的吻合情况进行调整。$K$ 为平近点角，连接 $O$、$M$、$E$、$A$ 各点的直线为拱线（apsidal line）。对外行星而言，$PC$ 线与地球对平太阳位置的连线始终保持平行。为了确定外行星的各项参数，包括拱线方位在内，托勒密选用三项行星位置的观测记录，用类似以三次月食定月运动模型参数的方法来处理。

处理金、水两颗内行星的模型与之稍有不同，对于拱线位置和 $e$ 值等参数的确定，更多地依赖于对内行星大距（elongation，从地球上看该内行星与太阳的最大视角距）的观测资料。

$E$ 点的引入，是一个非常引人注目的重要特征，该点从中世纪以后通常被称为“对点”（equant）。对点的引入大胆冲破了古希腊天文学中对匀速圆周运动（uniform motion）的传统迷信——这种迷信纯出于哲学思辨。事实上，运用本轮与均轮模型求得的行星黄经，与在开普勒椭圆模型中代入相同的偏心率 $e$ 值后所得结果，误差仅仅在 10′ 以内。托勒密引入“对点”所体现的对匀速圆周运动信念的超越，使他在这一方面甚至走在了哥白尼前头。对于“对点”，如果认为在某种程度上已开了后世开普勒椭圆运动模型的先声，也不能算过分夸张的说法。

运用几何模型，逐个处理五大行星的黄经运动，占去了《至大论》九至十一卷的大部分篇幅。到第十二卷中，托勒密致力于编算外行星在逆行时段的弧长和时刻表，以及内行星的大距表。

在《至大论》第十三卷中，托勒密专门讨论行星的黄纬运动。诸行星轨道面与黄道面并不重合，各有不同的小倾角，这一事实在日心体系中来看十分简单，但要在地心体系中处理它就比较复杂。在《至大论》中，托勒密未能将这一问题处理好。他令外行星轨道面（也即均轮 deferent 所在的平面）与黄道面有一个倾角；又令本轮与均轮各自的平面之间有另一个倾角，这两个倾角之值又不相等，这使问题变得非常繁琐。

对于宇宙体系的结构及运行机制问题，托勒密在《至大论》中采取极为务实而明快的态度，他在全书一开头就表明，他的研究将采用“几何表示”（geometrical demonstration）之法进行。在卷九开始讨论行星运动时他说得更明白：“我们的问题是表示五大行星与日、月的所有视差数——用规则的周圆运动所生成。”他将本轮、偏心圆等仅视为几何表示，或称为“圆周假说的方式”。那时，在他心目中，宇宙间并无任何实体的天球，而只是一些由天体运行所划过的假想轨迹。

但是，当《至大论》问世之后，行星黄纬问题显然仍旧萦绕在托勒密心头。在他晚年的作品《行星假说》（*Planetary Hypotheses*）第一卷中，他改善了行星黄纬运动模型，关键的一步是令上述两个倾角之值相等，这意味着本轮面始终与黄道面保持平行。而均轮面与黄道的倾角，则正好对应于后世日心体系中行星轨道与黄道面的倾角。《行星假说》第一卷中的行星黄纬运动模型，已是在地心体系下处理这一问题的最佳方案。

然而，此时在托勒密思想上，可能有一种带有神秘主义色彩的倾向滋生起来。在《行星假说》第二卷对宇宙体系的讨论中，每个天体都有自己的一个厚层，内部则是实体的偏心薄球壳，天体即附于其上。这里的偏心薄球壳实际上起着《至大论》中本轮的作用。而各个厚球层（其厚度由该层所属天体距地球的最大与最小距离决定）与“以太壳层”是相互密接的。此时托勒密改变了《至大论》中的几何表示之法，致力于追求所谓“物理的”（physical）模式。这部分内容出现在只有阿拉伯文译本的《行星假说》第二卷中，有人因此怀疑其中可能杂有后世阿拉伯天文学家的工作。

《至大论》在托勒密身后不久就成为古代西方世界学习天文学的标准教材。公元4世纪出现了帕普斯（Pappus）的评注本，以及亚历山大城的塞翁（Theon of A1exandria）的评注本。约在公元800年出现阿拉伯文译本。而此后出现的更为完善的译本，则是阿拔斯王朝的著名哈里发阿尔马蒙（Al-Ma’mun）对于天文学大力赞助的结果。公元1160年左右，一个从希腊文本译出的拉丁文译本出现在西西里。而公元1175年出现的克雷莫纳的杰拉尔德（Gerard of Cremona）从阿拉伯文译出的拉丁文译本，使得《至大论》开始重新被西欧学者所了解。

在此前漫长的中世纪，西方世界的天文学进展主要出现在阿拉伯世界，而阿拉伯天文学家是大大受益于托勒密《至大论》的。上述这些拉丁文译本，则在下个世纪大大提高了欧洲天文学的水准。

# 星占之王：从《四书》说起

——该谈谈托勒密了之三

在托勒密身后的历史时期中，他作为天文学家和作为星占学家，究竟哪个名声更大，学者们有不同看法。不过至少在中世纪晚期，他的名声首先是和他的星占学巨著《四书》联系在一起的。

《四书》四卷，在西文中常写作 *Tetrabiblos*，系自希腊文转写而来，拉丁文则作 *Quadripartum*，都是“四卷书”之意。《四书》的写作，在 139—161 年之间，大致在完成《至大论》之后，而在撰写《地理学》之前。经过近代西方学者考订校释，《四书》已有希腊文和英文的现代版本可供使用。

托勒密本人将此书视为《至大论》的姊妹篇，在《至大论》中，他只是致力于让人们能够预先推算出任何时刻的各种天体位置。而在《四书》中，他试图详细阐述这些天体在不同位置上对尘世事务的不同影响，他认为这两方面是不可偏废的。托勒密坚信天体对人间事务有着真实的、“物质上

的”（physical）影响力，他从太阳、月亮对大地的物质影响出发，由类比推论出上述信念。当然，托勒密并非宿命论者，他承认左右人世事务的因素有多种，天体的影响力只是其中之一。

《四书》第一卷可以视为星占学的预备知识。集中讲述日、月、五大行星运动以及恒星的视位置等数理天文学知识——这是任何一个入流的星占学家都必须掌握的。

在第二卷中，托勒密试图为星占学确立一些理论基础和法则。托勒密论证说：既然太阳、月亮可以通过季节、潮汐来直接影响地球上的人类生活，那么五大行星又何尝不能影响尘世的事务呢？托勒密认为星占学可以应用于两个领域：国家（民族）和个人。不过对于前一领域，托勒密主要研究天象对大地的一般性影响，包括依据天象进行气象预报。这是所谓“星占地理学”（astrological geography）和“星占气象学”（astrological meteorology）的内容，与发端于巴比伦的“军国星占学”（judicial astrology）有所不同。

星占学之应用于个人，也即“生辰星占学”（horoscope astrology），则是《四书》后两卷全力探讨的内容。托勒密在这两卷中的论述，集此前这方面学说之大成。

托勒密先谈到获取精确出生时刻的困难，而这是以后一切推算的基础。至于准确得知受孕时刻自然更为困难。确定这些时刻都要依靠天文观测，使用星盘（astrolabe）和时计，被特别提到的是水钟（water clock），但托勒密认为精确程度不够。虽然受孕时刻和分娩时刻都应注意，但托勒密认为分

# ΚΛΑΥΔΙΟΥ ΠΤΟΛΕΜΑΙΟΥ ΜΑΘΗΜΑΤΙΚΗΣ ΤΕΤΡΑΒΙΒΛΟΥ

συντάξεως. βιβλίον α.

Τῶν τὸ δι' ἀστρονομίας προγνωστικὸν τέλος παρασκευαζόντων, ὦ Σύρε, δύο τῶν μεγίστων καὶ κυριωτάτων ὑπαρχόντων, ἑνὸς μὲν τοῦ πρώτου καὶ τάξει καὶ δυνάμει, καθ' ὃ τοὺς γινομένους ἑκάστοτε σχηματισμοὺς τῶν κινήσεων ἡλίου καὶ σελήνης καὶ τῶν ἀστέρων πρὸς ἀλλήλους τε καὶ τὴν γῆν καταλαμβανόμεθα, δευτέρου δέ, καθ' ὃ διὰ τῆς φυσικῆς τῶν σχηματισμῶν αὐτῶν ἰδιοτροπίας, τὰς ἀποτελουμένας μεταβολὰς τῶν ἐμπεριεχομένων ἐπισκεπτόμεθα, τὸ μὲν πρῶτον ἰδίαν ἔχον καὶ δι' ἑαυτὴν αἱρετὴν θεωρίαν κἂν μὴ τὸ ἐκ τῆς ἐπιζεύξεως τοῦ δευτέρου τέλος συμπεραίνηται, κατ' ἰδίαν σύνταξιν, ὡς μάλιστα ἐνῆν ἀποδεικτικῶς σοι περιώδευται. περὶ δὲ τοῦ δευτέρου καὶ μὴ ὡσαύτως αὐτοτελοῦς ἡμεῖς ἐν τῷ παρόντι ποιησόμεθα λόγον, κατὰ τὸν ἁρμόζοντα φιλοσοφίᾳ τρόπον, καὶ ὡς ἄν τις φιλαλήθει χρώμενος σκοπῷ μάλιστα, μήτε τὴν κατάληψιν αὐτοῦ παραβάλλοι, τῇ τοῦ πρώτου καὶ ἀεὶ ὡσαύτως ἔχοντος βεβαιότητι, τὸ ἐν πολλοῖς ἀσθενὲς καὶ δυσείκαστον τῆς ὑλικῆς ποιότητος προσποιούμενος, μήτε πρὸς τὴν κατὰ τὸ ἐνδεχόμενον ἐπίσκεψιν ἀποκνοίη, τῶν τε πλείστων καὶ ὁλοσχερῶν συμπτωμάτων ἐναργῶς οὕτω τὴν ἀπὸ τοῦ περιέχοντος αἰτίαν ἐμφανιζόντων. ἐπεὶ δὲ πᾶν μὲν τὸ δυσέφικτον παρὰ τοῖς πολλοῖς εὐδιάβλητον ἔχει φύσιν, ἐπὶ δὲ τῶν προκειμένων δύο καταλήψεων, αἱ μὲν τῆς προτέρας τάξει καὶ δυνάμει διαβολαί, τυφλῶν ἂν εἶεν παντελῶς, αἱ δὲ τῆς δευτέρας εὐπροφασίστους ἔχουσι τὰς ἀφορμάς, ἢ γὰρ τὸ ἐπ' ἐνίων δυσθεώρητον ἀκαταληψίας τελείας ὑπέχειν, ἢ τὸ τῶν γνωσθέντων δυσφύλακτον, καὶ τὸ τέλος ὡς ἄχρηστον, διασύρει, πειρασόμεθα διὰ βραχέων πρὸ τῆς κατὰ μέρος ὑφηγήσεως, τὸ μέτρον ἑκατέρου τοῦ τε δυνατοῦ καὶ τοῦ χρησίμου τῆς τοιαύτης προγνώσεως ἐπισκέψασθαι, καὶ πρῶτον τοῦ δυνατοῦ.

Ὅτι καταληπτικὴ ἡ δι' ἀστρονομίας γνῶσις καὶ μέχρι τίνος.

Ὅτι μὲν τοίνυν διαδίδοται καὶ διικνεῖταί τις δύναμις ἀπὸ τῆς

α αἰθερώδ

1535 年在希腊出版的《四书》( *Tetrabiblos* ) 内文

娩时刻更重要。

接下来详细论述算命天宫图的构成与排算。托勒密认为一个好的星占学家能够从中发现许多信息，这些信息中的一个重要组成部分是其人的体质特征。例如当土星位于出生时刻天宫图东侧时，这个婴儿将来会是：

> 黄肤色、好体格，黑色卷发，宽阔而坚强的胸膛，常规眼睛，身材匀称，气质是湿与冷的混合。

一生的疾病也能从天宫图中看出，但更玄妙的是对其人心灵、思想倾向和特征的预言。这类预言依据的重点是黄道十二宫的“主”、“定”、“移”三类宫的位置。例如四“主宫”（白羊、巨蟹、天秤、摩羯四宫）的作用是：

> 通常倾向于使心灵对政治感兴趣，会使其人投身于公共事务或动乱；好大喜功；醉心于神学；同时，其人是机巧的、敏锐的、好奇的、别出心裁的、深思的；还会致力于研究星占学与占卜术。

《四书》后两卷集中讨论的“生辰星占学”并非托勒密首创，早在好几百年前就已发源于巴比伦，传入希腊化世界（包括埃及在内）也已很久，所以托勒密当然不能不在大体上与旧有的星占学原则相一致；然而在这两卷中他还是经常有所创新和发展。

至于同样发端于巴比伦的“军国星占学”(专论王朝军国大事，如战争胜负、年成丰歉等),《四书》中完全未涉及。这一点正标志着西方星占学史上潮流的转换——“军国星占学”随着巴比伦文明的衰退，在西方世界(包括中东等地)很快走向沉寂，而后起的“生辰星占学”则登场成为主流。

《四书》集希腊化时代星占学之大成，它在西方星占学史上的地位，确实可与《至大论》在西方天文学史上的地位并驾齐驱。《四书》在托勒密生活的时代即已产生广泛影响，而且这种影响在他身后持续了许多世纪。好些有名的星占学家，如希巴恰斯(Hipparchus，底比斯的)，保罗(Paul，亚历山大城的)以及尤里乌斯·菲尔米库斯(Julius Firmicus)等人，都引用《四书》，并将此书视为最基本的第一手星占学资料。《四书》为此后一千九百年间西方星占学的理论和实践提供了标准模式。

托勒密在《至大论》中几乎完全未讨论星占学(只有卷二、卷六等少数几处与星占学有间接关系)，此外他的《恒星之象》(*Phases of the Fixed Stars*)仅第二卷存世，专论一些明亮恒星的偕日升与偕日落，列出这些星象对未来气候变化的预兆意义。这种把现代意义上的气象学与星占学结合在一起的传统，从古希腊一直持续到欧洲的文艺复兴时期。托勒密的《谐和论》(*Harmonica*)三卷，系数理乐律学著作，根据各个不同传统的希腊体系，讨论各种音调及其分类中的数学音程等问题，但其中也谈到一些星占学概念，特别是卷三的第 16 节，谈论各行星的星占学性质及属性之类。

托勒密在历史上既以星占大师著称，难免发生一些后世星占书伪托在他名下的现象。其中特别有名的例子是《金言百则》(拉丁文作 *Centiloquium*)，这是一部星占学格言集，共100则，本是通俗之作，没有什么数理内容，古时被归于托勒密名下流传，但学者们早已确认是出于伪托。

# 他还是地理学的托勒密

## ——该谈谈托勒密了之四

我们对于托勒密的个人师承，迄今几乎一无所知。托勒密的不少著作都题赠给一个叫做赛鲁斯（Syrus）的人，他的《至大论》中曾使用了塞翁（Theon）的行星观测资料，但这些都不足以确定托勒密的师承。还有人猜测泰尔的马里努斯（Marinus of Tyre）是他的老师，因为托勒密在《地理学》（*Geography*）一书中使用并修订了不少来自马里努斯的资料，但是目前能够肯定的只是，此人是托勒密的前辈。

托勒密的《地理学》八卷，在相当程度上是以马里努斯的工作为基础的。如果没有托勒密的《地理学》一书，马里努斯很可能会在历史上湮没无闻；这情形和希帕恰斯的天文学成就全赖托勒密《至大论》记载保存极为相似。与在天文学史研究中的情形一样，也有人将托勒密《地理学》贬斥为马里努斯的“拙劣抄袭者”。然而《至大论》对希帕恰斯和《地理学》对马里努斯工作的保存及记述，恰恰证明了托勒密在此两大领域内，都将自己的工作置于前辈最伟大成就

的基础之上，集其大成。而他本人在这两个领域中的巨大成就，也是有目共睹的。

地理学在古希腊已发展到相当高度，分为“地图学”和“地方志”两个主要方面。地图学是古代数理地理学——也是希帕恰斯创立的——的主要内容，包括绘制地图所需的几何投影方法、主要城市的经纬度测算等。到了托勒密生活的时代，世界性的罗马大帝国大大增进了欧、亚、非三大洲各民族之间的了解和交流，无数军人、官吏、僧侣、商人、各色人等的远方见闻，又有利于地方志的进一步发展。

托勒密明确将他所研究的内容与地方志区分开来，他在《地理学》中完全不涉及地方志。这种做法受到某些现代研究者的批评，认为他使地理描述内容变得贫乏，实际上使地理学降级为地图编制学，因而对古代地理学的衰落负有责任。但托勒密醉心于精密数理科学，对搜奇志怪的古代地方志缺乏兴趣，他当然有权根据自己的学术兴趣选择研究方向。

《地理学》第一卷为全书的理论基础。托勒密在其中评述了马里努斯的一系列工作，并介绍他本人所赞成的地理学体系。其中特别值得注意的是托勒密对地图绘制法的讨论，他不赞成马里努斯所用的坐标体系，认为它对实际距离的扭曲太大。为此他提出两种地图投影方法。

第一种，各圆弧都以 $H$ 点为圆心作成，代表不同的纬线；各经线皆为以 $H$ 点为中心向南方辐射的直线；注意 $H$

点是位于北极上空的某一点。图中经度仅 180°，纬度仅有从北纬 63° 至南纬 16°25′，这是因为当时的地理学家所知道的“有人居住世界”（inhabited world）就仅在此极限之内。其中特别画出北纬 36° 的纬线，这是那时各种地图的常例。北纬 36° 正是罗得岛所在的纬度，从中犹可看到这门学问的创始人、设立天文台于罗得岛的希帕恰斯的影子。

用现代的标准来看，其赤道以北地区的投影，完全符合圆锥投影（conic projection）的原理。至于赤道以南纬 16°25′ 之区的地区，托勒密采用变通办法，将南纬 16°25′ 纬线画成与北纬 16°25′ 对称的状况，并作对等的划分。这也不失为合理。

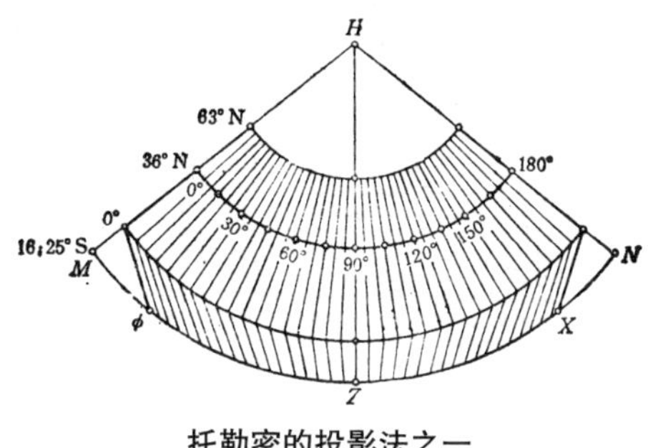


托勒密的投影法之一

托勒密提出的第二种投影方法，纬线仍是同心圆弧，但各经线改为一组曲线。这个方案中还绘出了北回归线，即纬度为 23°50′ 的纬线。此法大致与后世地图投影学中的“伪圆锥投影”（pseudo-conic projection）相当，它比圆锥投影复杂，因为现在任一经线与中央经线的夹角不再是常数（在圆锥投影中该夹角为常数，等于两线所代表的经度差乘以一个小于

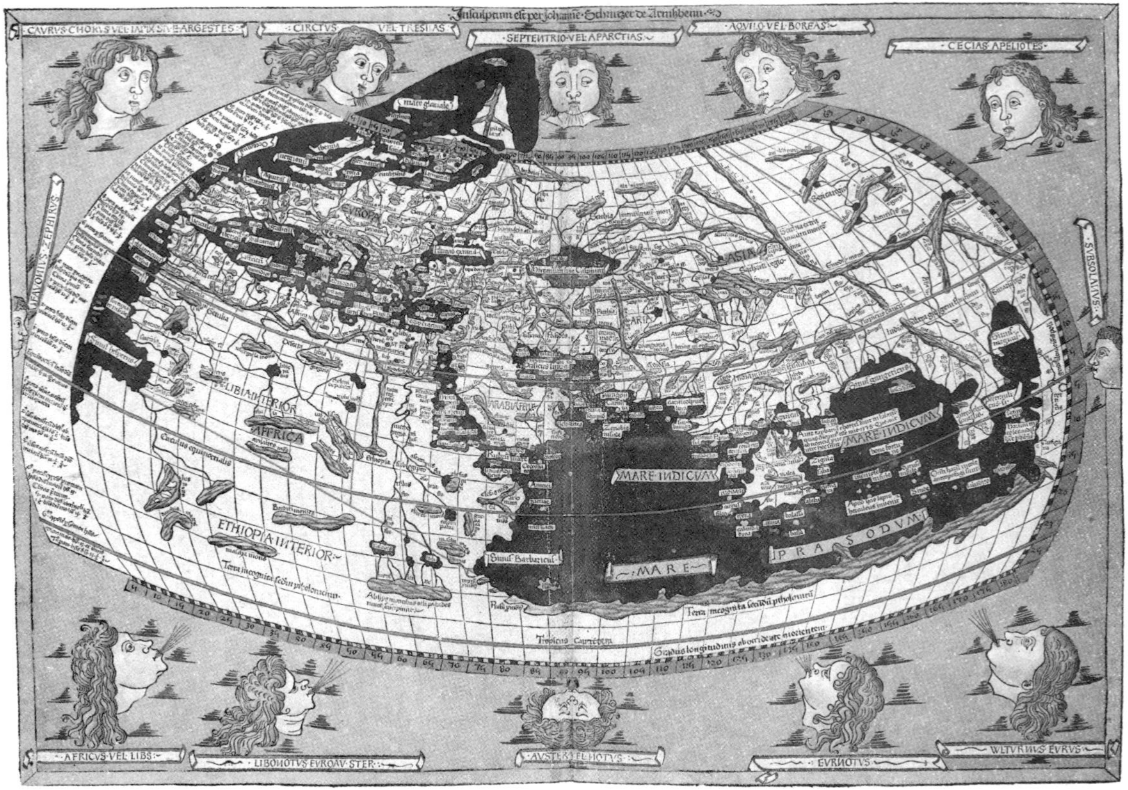

托勒密世界地图原绘于公元2世纪，此图系德国乌尔姆（Ulm）的一家出版社（press of Lienhart Holle）于1482年7月出版的托勒密《地理学》中的复制版，为该书32幅地图之一

1 的常数因子），而是变为纬度的函数。

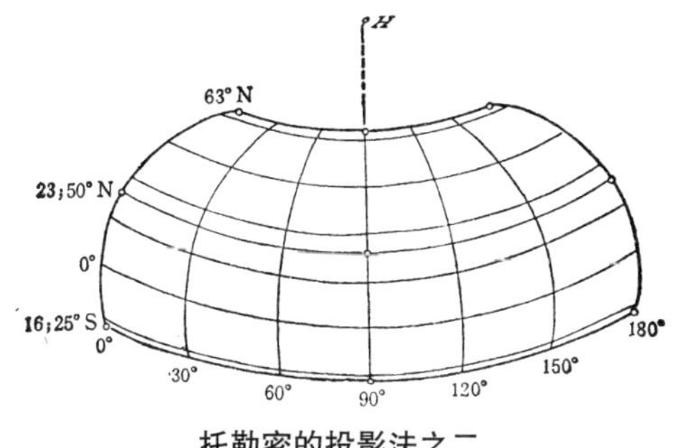


托勒密的投影法之二

托勒密指出上面两种投影法各有利弊，第二种能更好地反映实际情况，但操作使用起来不如第一种方便，因此他建议这两种方法都应考虑采用。托勒密《地理学》中的世界地图，就是采用第二种投影法绘制的。这两种地图投影法是地图投影学历史上的巨大进步，托勒密在这方面的创造，要再过将近一千四百年才后继有人。

《地理学》其余各卷中，列述欧、亚、非三大洲共约 8 100 处地点的地理经度和纬度值，以及当地山川景物、民族情况等，也经常记录并讨论一些地点相互之间的距离和道路。所以《地理学》一书有时又被称为《地理志》。书中对 358 个重要城市作了较详细的记述，并记下这些城市在一年中的最大日长（该值是当地地理纬度的函数）。《地理学》中有 26 幅区域地图组成的地图集，其中欧洲 10 幅，亚洲 12 幅，非洲 4 幅。每个地区以下再划分为省，各地区由其平均纬度来标定位置，并根据其东南西北四个极点画出自然界线。

在当时，地理纬度可通过在当地作天文观测来确定（比如测定一年中圭表在当地影长的变化），地理经度则可由在两地先后观测一次交食来确定（获得两地经度差），但此法理论上虽然可行，实际上很少有人能真正去实施，据研究，托勒密只掌握少数几个城市的来自天文测定的地理纬度值，至于两地同测一次交食的观测资料，他能依据的似乎只有一项：公元前 331 年 9 月 20 日的月食，曾在迦太基（Carthage）和美索不达米亚的阿尔比勒（Arbela）被先后观测。不幸的是，这项数据的记载有严重错误：两地见食的时间差应该只有两小时左右，但托勒密误为约三小时，这一错误可能是导致托勒密地图一系列错误的主要原因之一。

# 一个改变了世界的历史伟人

## ——该谈谈托勒密了之五

为了避免读者对托勒密的伟大名字开始厌倦，我打算在这一次结束关于他的话题——即使还有许多他的科学成就（比如光学实验）来不及谈也在所不惜了。这样我们就不得不开始讨论他的历史影响。

有些人喜欢将托勒密与亚里士多德的宇宙体系混为一谈，进而视托勒密为阻碍天文学发展的历史罪人。在中国人熟悉的文献中，李约瑟“亚里士多德和托勒密僵硬的同心水晶球概念，曾束缚欧洲天文学思想一千多年”的说法堪为代表，至今仍被一些中文著作所援引。而这种说法明显违背了历史事实。亚里士多德确实主张一种同心叠套的水晶球（crystalline spheres）宇宙体系，但托勒密从未表示赞同这种体系。况且，亚里士多德学说直到13世纪仍被罗马教会视为异端，多次禁止在大学里讲授，因此无论是托勒密还是亚里士多德，都根本不可能“束缚欧洲天文学思想一千多年”。托马斯·阿奎那在论证水晶球宇宙体系时，曾引用托勒密的著作来论证地心、地静之说，到1323年罗马教皇宣布他为“圣徒”，他的经院哲学体系被教会认可为官方学说，亚里士多德的宇宙体系这才开始束缚了欧洲天文学思想约两三百年，而这又怎么能归罪于托勒密呢？

**天文观测中的托勒密**

阿拉伯天文学家接触到《至大论》后，很快发现它所代表的天文学水准明显超出当时波斯和印度的天文学。他们在月球和行星运动理论上继承托勒密遗产的同时，也通过实际观测而改进了《至大论》在太阳运动理论方面的欠缺，比如巴塔尼（Al Battani）的《积尺》（*Zij*，天文历算之书）、法干尼（Al Farghani）的《至大论纲要》（*Epitome*）等。受到托勒密著作影响的著名阿拉伯天文学家还可以提到纳西尔丁·图西（Nasir al-Din al Tusi）和伊本·沙提尔（Ibn al-Shatir），前者是那时有国际声望的学者兼政治人物，他的天文体系中力图恢复匀速圆周运动，后者对托勒密的月球运动模型有所改进。

阿拉伯学者将托勒密天文学的火炬传给欧洲之后，直到公元16世纪，没有任何西方的星历表不是按托勒密理论推算出来的。虽然星历表的精确程度不断有所提高，但由于托勒密所使用的本轮—均轮系统具有类似级数展开的功能，为了增加推算精度，可以在本轮上再叠加小轮，让此小轮之心在本轮上绕行，而让天体在小轮上绕行。从理论上说，小轮可以不断增加，只要调整诸轮的半径、绕行方向和速度，就能求得更高精度。关于小轮体系的繁琐，是许多宣传性读物中经常谈到的托勒密罪状之一，但这明显是不公平的——在《天体运行论》中，被誉为“简洁”的哥白尼体系也使用了小轮和偏心圆达34个之多。

西方天文学发展的最基本思路是：在已有实测资料基础上，以数学方法构造模型，再用演绎方法从模型中预言新的天象；如预言的天象被新的观测证实，就表明模型成功，否则就修改模型。在现代天体力学、天体物理学兴起之前，模型都是几何模型——从这个意义上说，托勒密、哥白尼、第谷乃至创立行星运动三定律的开普勒，都无不同。正如著名的西方数理天文学史家奈格堡（O. Neugebauer）所指出的：“全部中世纪的天文学——拜占庭的、最后是西方的——都和托勒密的工作有关，直到望远镜发明和牛顿力学的概念

开创了全新的可能性之前，这一状态一直普遍存在。”牛顿之后则主要是物理模型，但总的思路仍无不同，直至今日还是如此。如果考虑到在传世的文献中，正是托勒密的《至大论》第一次完整、全面、成功地展示了这种思路的结构和应用，那么对于托勒密在天文学史乃至整个科学史上的功绩和影响，就不难获得持平之论。

托勒密的光学著作《光学》（*Optics*）一书，至少为 11 世纪初著名的阿拉伯学者伊本·海赛木（Ibn al Haytham）的光学巨著《光学书》（*Kitab al-Manazir*）提供了灵感。此书从形式到许多内容都源自《光学》，其中一些实验也被认为是源于托勒密的。《光学书》不久被译成拉丁文，名《光学宝鉴》（*Opticoae thesaurus*），成为中世纪晚期的标准论著，人们在罗吉尔·培根、达·芬奇和开普勒的著作中，都可以看到《光学宝鉴》的影响——因而也就是托勒密的影响。

托勒密《谐和论》（*Harmonica*）一书，在后世的权威不算十分大，但他的一些音乐原则在拉丁世界也是颇为人知的。比较引人注目的是此书对开普勒的影响，开普勒的《宇宙谐和论》（*Hermonice mundi*）全书皆为步托勒密后尘之作。

托勒密地理学对后世的影响，从世俗的意义上说很可能超过了《至大论》。他的《地理学》在公元 9 世纪初叶即有阿拉伯译本，书中关于伊斯兰帝国疆域内各地的记载，很快被代以更准确的记述。大约 1406 年出现了由安杰勒斯（J. Angelus）从希腊文本译出的拉丁文译本，并很快流行起来，因为此书即使在当时，仍是对已知世界总的地理情况的最佳指南。托勒密也提供了世界上最早的有数学依据的地图投影法。

我之所以将托勒密称为“一个改变了世界的历史伟人”，主要是考虑到，一个伟大学者的论著，有时会对人类历史的发展产生不可思议的直接影响。这种影响是他在撰写其论著时绝对没有想到的。托勒密就是少数这样的伟大学者之一。现代学者的详细研究表明：哥伦布在开始他那改变人类历史的远航之前，至少曾细心阅读过五本书，其中唯一的地理类著作就是托勒密的《地理学》，因此可知哥伦布的地理思想主要来自托勒密。哥伦布相信：通过一条较短的渡海航线，就可以到达亚洲大陆的东海岸，结果他在他设想的亚洲东岸位置上发现了美洲新大陆——尽管他本人直到去世时，仍坚持认为他发现的是托勒密地图上所绘的亚洲大陆。

# 伽利略的两本书：霍金都会搞错

伽利略留给后世的著作中，最重要的应该是他的两部《对话》。一部是1632年出版的《关于托勒密与哥白尼两大世界体系的对话》(*Dialogo Sopra i due Massimi Sistemi del Mondo, Ttolemaico, e Copernicono*)，另一部是1638年出版的《关于两门新科学的对话》(*Discorsi e Dimostrazioni Matematiche, Intorno a due Nuove Scienze*)。

在中国，较多被公众所知的是前一部。此书中译本于1974年由上海人民出版社出版，是据英译本翻译的，翻译质量极佳。正文600页，定价1.50元人民币（我确实没有写错！）。可惜多年来早已芳踪难觅，直到2006年才终于由北京大学出版社出了此书的插图新版。

在《关于托勒密与哥白尼两大世界体系的对话》中，伽利略假托三位上流社会人士在四天中对话的形式——这种对话形式是西方一直很流行的（想想柏拉图的对话和后来《十日谈》之类的作品吧）。两个高贵而机智的贵族是沙格列陀和萨尔维阿蒂，“以纯粹的沉思而不以快乐的追求为最大乐事”；另一个是“逍遥学派哲学家”辛普利邱，代表哥白尼理论的反对者，他“在领悟真理方面最大的障碍，看来是由于他因解释亚里士多德而获得的声誉”。表面上看伽利略只是记录三人的谈话，似乎不偏不倚，但实际上他总是让那位辛普利邱理屈词穷。这样他就在实际上宣传并支持了哥白尼学说。

伽利略在书中回避了那些比较复杂的问题（比如木卫的蚀），专就一系列能够向公众解释清楚的问题展开。书中对于每一个问题，都循循善诱，步步推进，使读者能够心服口服，而且真正明白。今日读来，简直就是一本极妙的科普著作。

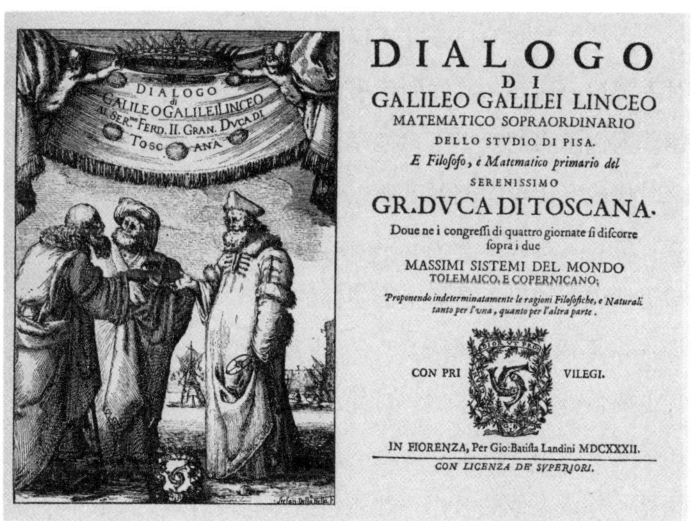

DIALOGO DI GALILEO GALILEI LINCEO
AL SER.<sup></sup>

DIALOGO
DI
GALILEO GALILEI LINCEO
MATEMATICO SOPRAORDINARIO
DELLO STVDIO DI PISA.
E Filosofo, e Matematico primario del
SERENISSIMO
GR.DVCA DI TOSCANA.
Doue ne i congressi di quattro giornate si discorre
sopra i due
MASSIMI SISTEMI DEL MONDO
TOLEMAICO, E COPERNICANO;
Proponendo indeterminatamente le ragioni Filosofiche, e Naturali
tanto per l'vna, quanto per l'altra parte.
CON PRI VILEGI.
IN FIORENZA, Per Gio:Batista Landini MDCXXXII.
CON LICENZA DE' SVPERIORI.

1632 年出版的《关于托勒密与哥白尼两大世界体系的对话》

伽利略的第一部“对话”——《关于托勒密与哥白尼两大世界体系的对话》中译本封面

由于伽利略的任务并不仅限于在物理、数学或逻辑上与对手辩论——要是这样的话事情倒简单了，他还要和那时禁锢着人们思想的亚里士多德学说进行斗争，而这就要涉及那个时代的意识形态问题。所以他的有些辩论技巧，是颇值得欣赏的。比如当辛普利邱在某个事实面前实在无话可说了，却仍然说“如果不是亚里士多德的课本上讲的和这相反，我将不得不承认它是事实”——也就是说，他宁肯不承认事实也要信仰亚里士多德。对此，伽利略说：“你难道会怀疑，如果亚里士多德会看到天上的那些新发现，他将改变自己的意见，并修正他的著作，俾能包括那些最合理的学说吗？那些浅薄到非要继续坚持他曾经说过的一切话的那些鄙陋的人，难道不会被他抛弃吗?”

在我们以往的公众读物中，伽利略通常被描述成哥白尼学说的宣传者和某种程度的殉道者。其实在伽利略早期手稿中，他曾断然拒斥哥白尼学说，并且支持托勒密理论。事实上他直到1597年——哥白尼理论问世之后五十四年——才表示相信哥白尼学说，而且仅仅在一本不那么为人所知的书《太阳黑子通信集》中唯一一次明确表示支持哥白尼天文学。在其他场合他都谨慎地回避这个问题。他当然是个聪明人，为了尽可能地保护自己，采取了许多策略性的做法，不幸的是最终仍未逃过惩罚。第一部《对话》出版之后，他在罗马受到审判，并被迫承认哥白尼学说是错误的。对伽利略终身监禁的判决，后来减缓为在家居住，但是由大主教“监管”。

在监管下伽利略继续写作。《关于两门新科学的对话》1638年在荷兰出版。此书在科学史上的意义实际上要大于第一部《对话》。所谓“两门新科学”，指的是材料强度和运动学。在此书中，伽利略奠定了运动学的基础。特别是，他通过对炮弹从射出炮口到落地的轨迹是一条数学上的抛物线的论证，对于运动在不同方向上的分量，以及这些分量在各种情况下的叠加与合成，给出了完美的解决。此书被视为近代物理学的基石之一，其处理问题的思路和手法则成为近代科学的典范。所以爱因斯坦说“他就是近代物理学之父——事实上是近代科学之父”。

与第一部《对话》相比，《关于两门新科学的对话》中

的许多内容要更艰深一些，书中有大量的“定理”、“命题”和“问题”，而且因为那时还没有微积分这样的数学工具，所以伽利略的许多证明只能采用相当繁琐的几何证明。当然，在说服辛普利邱时，他仍然花费了许多篇幅进行通俗解释。

伽利略的这两部《对话》，出场的都是沙格列陀、萨尔维阿蒂和辛普利邱这三个人物，而且都是在四天中的谈话。这种完全一样的形式和结构，也许很容易让人一不留神就搞错。我可以用一则学术八卦来证明这一点。

2002年，史蒂芬·霍金主编的《站在巨人的肩上——物理学和天文学的伟大著作集》一书出版，其中收集了哥白尼、伽利略、开普勒、牛顿和爱因斯坦五位科学伟人的代表

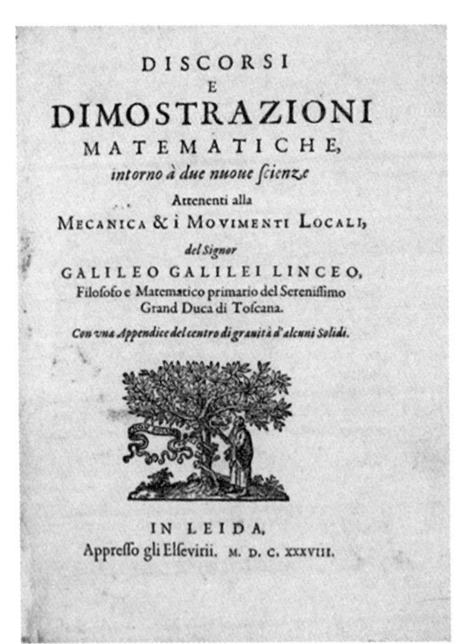

DISCORSI
E
DIMOSTRAZIONI
MATEMATICHE,
*intorno à due nuoue ſcienze*
Attenenti alla
MECANICA & i MOVIMENTI LOCALI,
*del Signor*
GALILEO GALILEI LINCEO,
Filoſofo e Matematico primario del Sereniſſimo
Grand Duca di Toſcana.
*Con vna Appendice del centro di grauità d'alcuni Solidi.*

IN LEIDA,
Appreſſo gli Elſevirii. M. D. C. XXXVIII.

出版于1638年的《关于两门新科学的对话》

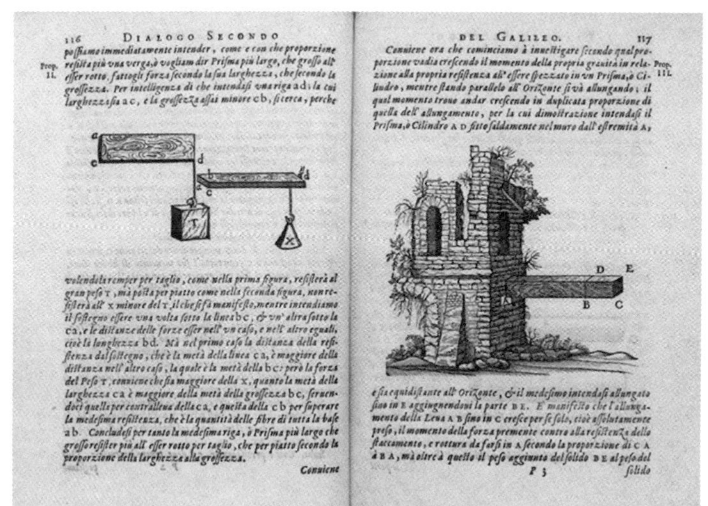
116 DIALOGO SECONDO

possiamo immediatamente intender, come e con che proporzione resista più una verga, ò vogliam dir Prisma più largo, che grosso all'esser rotto, fattogli forza secondo la sua larghezza, che secondo la grossezza. Per intelligenza di che intendasi una riga ad, la cui larghezza sia ac, e la grossezza assai minore cb, si cerca, perche

Prop. II.



volendola romper per taglio, come nella prima figura, resisterà al gran peso T, mà posta per piatto come nella seconda figura, non resisterà all' X minore del T, il che si fa manifesto, mentre intendiamo il sostegno essere una volta sotto la linea bc, & un' altra sotto la ca, e le distanze delle forze esser nell' un caso, e nell' altro eguali, cioè la lunghezza bd. Mà nel primo caso la distanza della resistenza dal sostegno, che è la metà della linea ca, è maggiore della distanza nell' altro caso, la quale è la metà della bc: però la forza del Peso T, conviene che sia maggiore della X, quanto la metà della larghezza ca è maggiore della metà della grossezza bc, servendoci quella per contralleva della ca, e quella della cb per superare la medesima resistenza, che è la quantità delle fibre di tutta la base ab. Concludesi per tanto la medesima riga, ò Prisma più largo che grosso resister più all' esser rotto per taglio, che per piatto secondo la proporzione della larghezza alla grossezza.

Conviene

DEL GALILEO. 117

Conviene ora che cominciamo à investigare secondo qual proporzione vadia crescendo il momento della propria gravità in relazione alla propria resistenza all' essere spezzato in un Prisma, ò Cilindro, mentre stando parallelo all' Orizonte si và allungando; il qual momento trovo andar crescendo in duplicata proporzione di quella dell' allungamento, per la cui dimostrazione intendasi il Prisma, ò Cilindro AD fitto saldamente nel muro dall' estremità A,

Prop. III.



e sia equidistante all' Orizonte, & il medesimo intendasi allungato sino in E aggiugnendovi la parte DE. È manifesto che l'allungamento della Leva AB sino in C cresce per se solo, cioè assolutamente preso, il momento della forza premente contro alla resistenza dello staccamento, e rottura da farsi in A secondo la proporzione di CA à BA, mà oltre à questo il peso aggiunto del solido DE al peso del

P 3 solido

出版于 1638 年的《关于两门新科学的对话》内页

性著作各一种。2005 年此书中译本出版，书中所收的伽利略的第二部《对话》至此才有了中译本。在霍金此书中译本的新闻发布会上，大家众口一词称赞辽宁教育出版社出版此书对于中国学术界的功德。

当时我悄悄告诉中译本署名第一的译者张卜天博士，说中译本“前言”第一页上有一处硬伤——将伽利略的第一部《对话》误作第二部《对话》了。张博士很吃惊，表示“这几乎是不可能的”，我说你回去查对就会知道。过了一些日子，张博士告诉我，中译本没有错，因为英文原版上就是如此！

后来我也查对了英文原版，确实就是如此。这就是说，此处连霍金本人也将伽利略这两部《对话》搞错了！这倒是

一个不太容易原谅的错误——因为霍金还在本书中写了一篇伽利略的“生平和著作”呢。这件事后来成为朋友们拿我开玩笑的题目，玩笑是非常夸张的：“你真牛，连霍金的错误都发现了！”

霍金主编的《站在巨人的肩上——物理学和天文学的伟大著作集》原版封面。书中收有伽利略的第二部“对话”——《关于两门新科学的对话》

# 开普勒：星占学与天文学的最后交点

我年轻时，对自己未来的生活状况未能正确估计，曾发一愿：40 岁那年要开始养一只花猫，猫的名字也预先起好了，就叫开普勒（J.Kepler）。结果现在 50 岁也过了，一直就根本没有时间养猫。不过我对开普勒其人的种种行事，兴趣始终不减。

为猫取名开普勒，其实未必吉利——开普勒虽是天才，却从小体弱多病，差点死于天花，又生性好斗，不是一个好相处的人，所以人际关系一直不和谐。不过很奇怪，在他的思想中，却是特别向往和谐的，他最重要的著作之一就是《宇宙和谐论》（*Harmonices Mundi*，1619，行星运动三定律中的第三定律即发表于此书中），书中的思想可以往上一直追溯到古希腊的毕达哥拉斯。

在现代人心目中，开普勒之所以能够名垂青史，是因为他发现了行星运动三定律。但是开普勒曾经是那个时代全欧洲最著名的星占学家之一，事实上，没有他的星占学也就没有行星运动三定律。至少到 17 世纪早期，天文学家仍然同

时就是星占学家。开普勒就是这个传统最后的代表人物。

开普勒生活的时代，是魔法师、炼金术士、星占学家掌握话语权的时代，这些人对当时世界的影响远远超过任何一个科学家——如果那时已经有这种人的话。当时主要有两件事使开普勒声名远播：一是他编算的星占历书，二是他用星占学为当时的大人物算命。

星占历书是16、17世纪最为畅销的读物，据说销售册数超过《圣经》。这种东西大致相当于中国古代的“黄历”，里面包括这一年的历日，一年中重要的天文事件如日月交食、行星“合”之类，但更重要的是对这一年大事的预言（这需要用星占学来“推算”），包括战争、灾害、年成丰歉，等等。此外还有五花八门的内容，诸如集市一览、公路里程、医药处方、法律用语、园艺须知……几乎就是生活中的小型百科全书。开普勒24岁那年第一次编星占历书，他在其中所作“好战的土耳其人入侵奥地利”、“这年冬天特别寒冷”等预言，据说都应验了，于是声名鹊起，每年都有出版商来找他编星占历书了。

开普勒一生都未曾富有过，纯粹的天文学研究又是只会花钱不能挣钱的事情，他又很少遇到财力雄厚生性慷慨的赞助人，因此他需要用星占学来挣钱。他那“星占学女儿不挣钱来，天文学母亲就要饿死”的名言，就是这样来的。

编算星占历书固然对开普勒的财政状况不无小补，但他更重要的星占学活动是为大人物算命。这些活动给他带来传奇性的声誉。

1608年，有人请开普勒为一位“不想说出姓名”的贵族排算“算命天宫图”(horoscope)，并推算命运。这种匿名算命是当时流行的做法。开普勒知道此人是当时的捷克贵族瓦伦斯坦(A.E.W.von Wallenstein)，但他并不说破。他预言此人有“争名夺利的强烈愿望”，将会“被暴徒们推为首领”等。十六年后，这份算命天宫图又被送到开普勒手中，上面已经有瓦伦斯坦的亲笔批语，这次是要求开普勒“补充未来命运的细节”。此时瓦伦斯坦已经是神圣罗马帝国的“弗里德兰和萨冈公爵、最高统帅、大洋和波罗的海将军”，即将出任联军统帅。

奇怪的是，这次开普勒拒绝了他的要求，反而教训说，如果现在还相信命运是由星辰决定的，那此人“就还未将上帝为他点燃的理性之光放射出来”。更奇怪的是，开普勒的拒绝竟丝毫未破坏瓦伦斯坦对他的好感，他继续赞助开普勒的天文学研究，为开普勒提供住宅和各种方便，让开普勒能够安心编撰《鲁道夫星表》(*Rudolphine Tables*，1627)。而最奇怪的是，开普勒当年为瓦伦斯坦所作的星占推算，终止于1634年——恰恰在这一年的2月25日，瓦伦斯坦遇刺身亡。此时开普勒自己也已经去世四年了。他二十六年前所作的推算恰恰止于此年，被认为是有星占学上的深意存焉。

开普勒的拒绝，看来是出于对瓦伦斯坦的爱护。对此可以从他的另一次著名星占学活动得到旁证。1610年，神圣罗马帝国处于皇帝鲁道夫二世(Rudolph Ⅱ)和反叛的匈牙利国王之间的内战中。交战双方都要求开普勒为他们占卜。开

1627年版《鲁道夫星表》中的卷首插图

普勒是鲁道夫二世的“皇家数学家”，尽管薪水经常被拖欠，他还是打算恪守臣节，忠于皇帝，所以他为皇帝作了吉利的占卜，而给了即将攻城的叛军不利的结论（希望以此动摇他们的信心）。但同时他向皇帝的拥护者们大声疾呼，应该把星占学“从皇帝的视野中完全清除出去”！因为他知道城是不能靠星占学守住的。尽管开普勒的努力无济于事，叛军攻入布拉格，皇帝退位后不久就去世了，但十七年后开普勒完成他的行星表时，仍然命名为《鲁道夫星表》。

星占学向来就是各种神秘主义学说中的翘楚，而开普勒一生都沉溺在神秘主义之中。38岁那年他在巨著《新天文学》(*Astronomia Nova*，1609）中发表了行星运动三定律中的第一、第二定律。而此前他一直在用神秘主义的方法探索行星运动，他早期的著作《宇宙神秘》(*Cosmographic Mystery*，1596）中，那幅在五种正多面体中间嵌合行星轨道的著名示意图，反复出现在现代的科学史著作中。而他之所以很早就接受哥白尼日心学说（《宇宙神秘》就是日心学说的），也不是因为被科学证据说服，而是因为托马斯·库恩（T.Kuhn）所说的“数学巫术和太阳崇拜”——后者是文艺复兴时期流行的“新柏拉图主义”(Neoplatonism）哲学思潮中的要义，哥白尼和开普勒两人对此都是非常服膺的。

开普勒的一生，体现了星占学与天文学的最后交点。

# 传记中的牛顿：从科学家到炼金术士

关于牛顿的传记，大致上，中国公众先读到有“苹果从树上掉下来”之类小儿科故事的普及版，再读到科学主义的励志版——将牛顿描绘成一个为科学献身的圣人，他为了研究科学，连自己吃没吃过饭也会搞不清楚（和陈景润走路撞在树上还说“对不起”异曲同工）。直到二十年前，美国科学哲学家科恩（I.B.Cohen）为《科学家传记辞典》写的牛顿大条目被译成中文，中国公众才有可能了解到一个相对比较全面的牛顿形象。然而那本定价 2.90 元的《牛顿传》小册子（科学出版社 1989 年出版）太不起眼了，很少有人注意。

在国外，从牛顿去世的 1727 年就开始有牛顿传记了。不过在牛顿去世当年发表的《伊萨克·牛顿爵士颂词》，却是由法国人写的，作者是法国著名剧作家高乃依的外甥丰特奈尔（Fontenelle）。牛顿 1699 年入选法国皇家科学院外籍院士，而丰氏因为担任科学院的常任秘书，职责所在，写了这篇颂词。顾名思义，这种带有官样文章性质的传记，当然是隐恶扬善称颂功德的——想想我们现今追悼会上念的悼词就知道了。

牛顿去世后十年左右，出现了伯奇（T.Birch）写的《牛顿传》，也是为一种辞典写的大条目。其中引用了丰氏颂词中的一些内容。接下来比较重要的传记是司徒克雷（W.Stukeley）的《伊萨克·牛顿爵士生平怀思录》(*Memoirs of Sir Isaac Newton's Life*)，写于1752年，但直到1936年才得以出版。此人是牛顿的忘年之交，晚年与牛顿过从甚密，因为是基于亲身经历而写成的关于牛顿的回忆录，所以在牛顿的早期传记中不能不占有重要地位。不过作者是牛顿的崇拜者，他将牛顿描绘成一个半人半神、完美无缺的不朽圣人，细读整个传记，却并无重要的见解和资料。

18、19世纪，对于牛顿的造神运动一直在进行着。牛顿

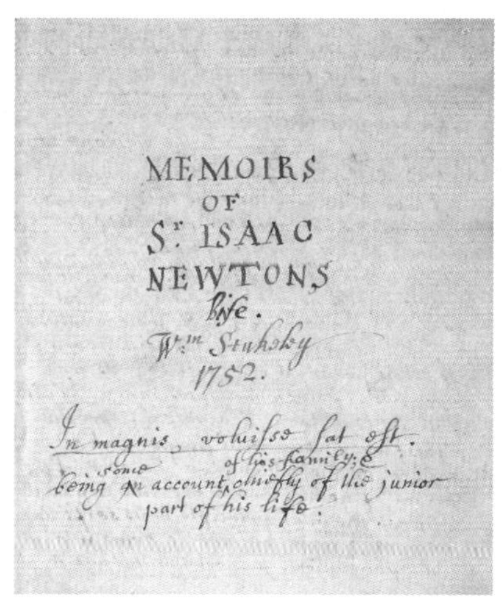


司徒克雷1752年《伊萨克·牛顿爵士生平怀思录》的手稿

被塑造成科学理性的化身。当晚清牛顿开始被介绍给中国公众时（牛顿的有些工作在清代《历象考成后编》中已经被采纳，但那不会进入公众视野），他作为科学理性化身的形象已经牢不可破。在国内的励志版牛顿传记中，即使提到他研究神学之类的事情，也必轻描淡写一笔带过，并将这些说成是他“晚年滑入唯心主义泥潭”的表现。

其实在20世纪上半叶，已经出现了一种非常重要的牛顿传记，即英国皇家工程兵退役中校德·维拉米尔（Richard de Villamil）写的《牛顿其人》(*Newton*：*The Man*)。一个退役中校写的牛顿传记会重要吗？可是这篇传记竟有爱因斯坦为之作序，而且序中说“德·维拉米尔中校应得到全世界物理学家的感谢和祝贺”！原因是，这位中校得了两件宝贝：牛顿的完整藏书清单和他身后所有财物的财产清单。

中校的两份清单告诉我们：牛顿遗下藏书1 896册，还有一些小册子和笔记本。藏书中有许多希腊文和拉丁文经典，但是“如乔叟、莎士比亚、弥尔顿、斯宾塞等的英国经典几乎是完全空白”。牛顿对诗歌没有兴趣，他曾转述他老师的见解：“诗歌是一种巧妙的废话。”藏书中有许多关于异国——包括中国——旅行的书，没有法国的诗歌和文学作品。牛顿生活俭朴，宅中器物一点也不豪华。牛顿缺乏审美趣味，他宅中除了一个别人为他雕的他本人的象牙头像之外，竟再无能让中校感到和“美”相关的器物了。牛顿不画画，不喜欢动物（这让人怀疑关于他为一大一小两只猫开了一大一小两个墙洞的故事是否真实），但喜欢玩西洋双陆棋……

这样往下写，越来越像今天小报上的明星八卦了，不如索性变本加厉，来谈谈牛顿的股票投资吧。今天对股票历史略有所知的人，无不听说过英国的“南海公司”股票，它被作为著名的“投机泡沫”载入史册，而牛顿恰恰参与了南海股票的炒作！维拉米尔中校对这件事情兴味盎然，他在传记中花费了喧宾夺主的篇幅，详细讨论了南海股票的前世今生、牛顿的操作依据以及他对牛顿操作的盈亏评估，他的结论是：牛顿本来可以获利 20 000 英镑高位出货，但是他未能及时卖出，结果直到去世仍持着南海股票，此时他亏损约 4 000 英镑。不过和许多人在南海股票上倾家荡产相比，牛顿的炒作成绩应该不算太坏，因为这点亏损对他来说无关大局——他晚年已成富人，每年收入都在 2 000 英镑以上，而且逐年递增，到去世那年已超过 4 000 英镑。

更重要的牛顿传记出现在 1942 年，作者再次是一个外行——著名经济学家凯恩斯（J.M.Keynes）。凯恩斯当然是名流，然而他既不研究物理学，也不是历史学家，皇家学会却邀请他在牛顿诞生 300 周年的纪念会上发表报告。

凯恩斯为什么有资格受此邀请？原来他也得了大宝贝——牛顿另有一箱手稿，晚年长期秘不示人，身后几经辗转，出现在拍卖场上，竟被凯恩斯竞拍买到，其中包括牛顿留下未曾刊行的大部分关于炼金术的手稿。凯恩斯在研读这些手稿的基础上，也写了一篇《牛顿其人》，其中大爆猛料，主要有两点：

第一点是，牛顿年轻时就背叛了当时“三位一体”的正统教义，成为异端教派的信徒，他甚至写了反“三位一体”的小册子。“这是一个可怕的秘密，牛顿以极大的辛苦隐瞒了一生。……他至死没有吐露秘密。”

第二点更猛，凯恩斯指出牛顿根本就是一个巫师，一个极度热衷的炼金术士，而不是科学理性的化身。即使在写作《自然哲学之数学原理》的日子里，他实验室中倒腾炼金术的火也很少熄灭。发现万有引力倒像是他搞炼金术的副产品。

二战使得纪念会推迟到1946年才得以举行，那时凯恩斯已经去世，他的报告由弟弟代为宣读。从牛顿晚年自己就

怀特所著《最后的炼金术士：牛顿传》原版书影

开始培育起来的科学理性化身的形象，就此轰然倒塌。这就是为什么怀特（M.White）将他的牛顿传记取名《最后的炼金术士：牛顿传》(*Isaac Newton*：*the Last Sorcerer*，1997 年）的原因——这是目前能看到的最全面的中文牛顿传记。

# 爱因斯坦：曾经的超级“民科”

“民科”（“民间科学爱好者”的简称）这个词汇，已经逐渐被国内大众媒体接受和采用了，它的一般定义是：此人没有在相应的科学共同体中任职，同时他的研究领域是不被科学共同体所认可的，或他的研究方法是不被科学共同体所认可的。例如，一个无业人员研究星占学或炼金术，那么他很容易被视为“民科”；又如，一个纺织厂的纺织工程师，他在纺织技术领域当然是专业的，但是如果他业余开始证明哥德巴赫猜想，那他在数学领域就会被视为“民科”。

## 高考失败·婚前致孕·就业困难

1895 年秋，16 岁的阿尔伯特·爱因斯坦投考苏黎世综合技术学院，不幸名落孙山，他不得不进入瑞士的一所补习学校（就是今天的“高考复习班”或“复读班”）。1897 年他才如愿以偿，考进了当时欧洲最好的学校之一——苏黎世综合技术学院。

在大学里，爱因斯坦很快就和女同学米列娃堕入情网。米列娃生于奥匈帝国的官宦之家，自幼有才女声望，她在男校读完中学，和爱因斯坦同年进入苏黎世综合技术学院。米列娃比爱因斯坦年长，脚又有一点跛，更要命的是，她不是犹太人，因此爱因斯坦和她的恋情遭到爱因斯坦父母的强烈反对。然而1901年米列娃珠胎暗结，她不得不回到父母家生下孩子再回到学院，结果未能通过毕业考试，无法得到文凭——这是一个典型的女大学生早恋并婚前怀孕而导致学业失败的悲惨故事。

爱因斯坦在1900年拿到了这所名校的毕业文凭。可是他未能获得学校的助教职位，只好到处打零工，晃荡了两年工夫，经一位同学的父亲推荐，才在伯尔尼专利局获得一份三级技术鉴定员的工作，年薪3 500法郎。任务是鉴定新发明的各种仪器。

爱因斯坦对米列娃还算没有始乱终弃，1903年和她结了婚——但这场冲破重重阻力赢得的婚姻并未能白头偕老（十多年后他们黯然离婚）。婚后米列娃因没有文凭，无法找到工作，次年长子汉斯出生，那几年中沉重的家庭负担，使这位专利局年轻职员的生活看起来颇有点潦倒落魄。

一个专利局的小职员，当然没有机会与当时的主流科学家来往。爱因斯坦在伯尔尼只有几个青年朋友，最重要的是哈比希特（Habicht）和索洛文（Solovine），还有哈比希特的一个小弟弟。这一小群年轻人经常在工余和课后聚首，一起散步、阅读或座谈。

他们研读的哲学和科学著作留下了记录，其中包括：斯宾诺莎、休谟、马赫、阿芬那留斯、毕尔生的著作，安培的《科学的哲学经验》，物理学家亥姆霍兹的文章，数学家黎曼的著名演讲《论作为几何学基础的假设》，戴德金、克利福德的数学论文，彭加勒的《科学和假设》，等等。他们倒也并不"重理轻文"——他们还一起读过古希腊悲剧作家索福克勒斯的《安提戈涅》，拉辛的作品、狄更斯的《圣诞故事》、塞万提斯的《唐·吉诃德》，以及世界文学中许多别的代表作品。

一起阅读的乐趣在于思想的交流，这群年轻人被这种乐趣迷住了，虽然清贫，但是他们充实而幸福，感到"欢乐的贫困是最美好的事"。他们将这难忘的几年命名为"不朽的奥林匹亚学院"。

**"奥林匹亚三剑客"，（由左到右）哈比希特、索洛文、爱因斯坦**

## 1905“奇迹年”

1905 年，26 岁的爱因斯坦发表了五篇划时代的科学论文，其中最重要的当然是创立狭义相对论的《论动体的电动力学》和《物体的惯性同它所含的能量有关吗？》。一年之内，爱因斯坦在布朗运动、量子论和狭义相对论这三个方面都作出了开创性的贡献，这些贡献中的任何一个都足以赢得诺贝尔奖。

这让人想起 1665—1667 年间，牛顿因躲避瘟疫而离开剑桥到故乡度过几年，牛顿在那几年中得出了微分学思想，创立了万有引力定律，还将可见光分解为单色光，在数学、力学、光学三个领域都作出了开创性的贡献。“奇迹年”这个拉丁语词（annus mirabilis）原本就是用来称呼牛顿的 1666 年的，后来也被用来称呼爱因斯坦的 1905 年。

人们曾经追问：一个根本没有进入当时主流科学共同体的小职员，加上一小群年轻朋友，三年的业余读书活动，凭什么能创造 1905 年的奇迹？

爱因斯坦后来多次表示，如果他当时在大学里找到了工作，就必须将时间花在准备讲义和晋升职称的论文上，恐怕就根本没有闲暇时间来自由思考了。他在逝世前一个月所写的自述中表明，奇迹来自自由的思考：

> 鉴定专利权的工作，对于我来说是一件幸事。它迫使你从物理学上多方面地思考，以便为鉴定提供依据。

> 此外，实践性的职业对于像我这样的人来说简直是一种拯救：因为学院式的环境迫使青年人不断提供科学作品，只有坚强的性格才能在这种情况下不流于浅薄。

杨振宁曾对青年学生说过，应该“经常思考最根本的问题”，才有望在科学上有所建树。爱因斯坦在伯尔尼那几年间的故事，可以有力地证实杨振宁的说法——相对论就是“思考最根本的问题”所产生的最辉煌的结果。

## 超级“民科”对今天的启发

但是，换一个角度来看，爱因斯坦在1905年之前几年中的表现，其实非常符合我们今天的“民科”标准：未能在主流科学共同体中得到职位，搞出来的东西又不是在现行主流理论基础上的添砖加瓦——特别是相对论，简直是横空出世天马行空，其中的光速不变原理严重违背日常经验，难怪诺贝尔奖的评委们始终不肯将物理学奖给相对论。夸张一点说，爱因斯坦当年就是一个超级“民科”——只是由于他在1905年是如此成功，以至于没有任何人将他视为“民科”，他反而成为主流科学的神话和科学共同体一致膜拜的教主。

“爱因斯坦奇迹年”为我们提供了深刻的教训和启发。可惜的是这些教训和启发在中国经常是被忽视的。我们习惯于将注意力集中在1905年时的“物理学危机”之类的话题上，只注意物理学，不注意人和人的生活，这样就将应得的教益从我们的视野中剔除了。

例如，在《爱因斯坦奇迹年》一书的导言中，主编施塔赫尔（John Stachel）比较了牛顿和爱因斯坦这两个“奇迹年”的多项异同，但是有一个非常重要的共同点，却完全没有被注意到，这个共同点也是经常被后来的科学家们有意无意忽略的，那就是——牛顿和爱因斯坦创造奇迹时，都没有用过一分钱的“科研经费”！

事实上，科学史上有许多伟大发现，都是在不用国家一分钱的状况下完成的。而如今那些用掉了纳税人亿万金钱所取得的“科研成果”，与万有引力和相对论比起来，绝大多数显得多么平庸、多么匠气、多么令人汗颜！“爱因斯坦奇迹年”完全是学术自由、思想自由的产物，而不是计划经济或“计划学术”的产物。

而如今中国大学里的职称晋升、年度考核及成果指标之类，已经被许多学者认为是“灾难性的”，其压力恐怕远大于爱因斯坦当年的学院环境。当年爱因斯坦就认为“只有坚强的性格才能在这种情况下不流于浅薄”，那在如今的中国大学要怎样的性格才能“不流于浅薄”？还会有几个人有足够的闲暇去自由思考？

牛顿的“奇迹年”距今已三百余年，爱因斯坦的“奇迹年”距今也已百余年，如今科学研究的建制化、职业化，已经高度成熟，牢不可破。今天人们普遍认为，如果不能进入科学体制之内任职，不能发表被主流科学共同体立即认可的成果，那充其量只能是一个“民科”。而中国的“民科”总是拿哥白尼、伽利略等人来激励自己，其实是找错了人——他们最伟大的精神偶像，应该是爱因斯坦！

# 霍金：老生常谈也能作出新贡献

## 老生常谈也轰动

霍金最近发表了——也可能是他授权发表，甚至可能是“被发表”——相当多的听起来有点耸人听闻的言论，引起了媒体的极大兴趣。而媒体的兴趣当然就会接着引发公众的兴趣。要恰当评论他的这些言论，需要注意到某些相关背景。

最重要的一个背景是：霍金已经成为当代社会的一个神话。所以任何以他的名义对外界发表的只言片语，不管是真知灼见，还是老生常谈，都会被媒体披露和报道，并吸引公众相当程度的注意力。而当霍金谈论的某些事物不是公众日常熟悉的事物时，很多人慑于霍金神话般的大名，就会将他的哪怕只是老生常谈也误认为是全新的真知灼见。

霍金最近言论中有两个要点：关于宇宙是不是上帝创造的，关于我们要不要和外星文明交往，恰好都属于这种情形。

但更奇妙的是，霍金确实可以用老生常谈为人类作出新贡献。

## 上帝是可有可无的

在第一个问题上，霍金最近宣称：我们人类，以及整个宇宙，都可以是自发创生的，“不必要祈求上帝去点燃导火索使宇宙运行”，而据说他先前是相信上帝创造宇宙之说的。

科学家认为不需要上帝来创造宇宙，这听起来当然很“唯物主义”；但是确实有许多科学家相信上帝的存在，相信上帝创造了宇宙或推动了宇宙的运行，他们也同样作出了伟大的科学贡献——牛顿就是典型的例子。“上帝去点燃导火索使宇宙运行”其实就是以前牛顿所说的“第一推动”。

这种状况对于大部分西方科学家来说，并不会造成困扰。因为在具体的科学研究过程中，科学家研究的对象是已经存在着的宇宙（自然界），研究其中的现象和规律，至于“宇宙从何而来”这个问题，可以被搁置在无限远处。正如伽利略认识到“宇宙这部大书是用数学语言写成的”，但写这书的仍然可以是上帝；伽利略作出了伟大的科学发现，但他本人仍然是一个虔诚的宗教徒，他的两个女儿都当了修女。虽然教会冤枉过伽利略，但最终也给他平反昭雪了。

科学和宗教之间，其实远不像我们以前所想象的那样水火不相容，有时它们的关系还相当融洽。比如在“黑暗的中世纪”（现代的研究表明实际上也没有那么黑暗），正是教会保存了西方文明中古代希腊科学的火种。在现代西方社会中，一个科学家一周五天工作在实验室从事科学研究，到星期天他去教堂做礼拜，也是很正常的。

霍金自己改变观点，对于霍金本人来说当然是新鲜的事情，但对于“宇宙是不是上帝创造的”这个问题来说，其实是老生常谈。因为他的前后两种观点，都是别人早就反复陈述和讨论过的。霍金只是改变了他的选择——有点像原来是甲球队的拥趸，现在改为当乙球队的粉丝了。当然，一个著名粉丝的“叛变”也会引人注目。

不过，中国公众因为多年习惯了的观念中，总是将科学看作康庄大道，而将宗教信仰视为“泥潭”，所以看到霍金的“叛变”才格外兴奋，以为他终于“改邪归正”了。

## 不要和陌生人说话

在第二个问题上，霍金最近表示，我们不应主动寻求与外星人联络，因为外星人可能是极度危险的，它们到地球来的目的，很有可能是侵略或掠夺。由于中国公众以前许多年来都只接触到一边倒的观点——讴歌赞美对外星文明的探索，主张积极寻找外星文明并与外星文明联络，所以现在听到霍金的主张，中国的媒体和公众都甚感惊奇。其实在这个问题上，霍金同样只是老生常谈，同样只是“粉丝站队”。

在西方，关于人类要不要去“招惹”外星文明的争论，已有半个世纪以上的历史。

主张与外星文明接触的科学界人士，从 20 世纪 60 年代开始，推动了一系列 SETI（以无线电搜寻地外文明信息）计划和 METI（主动向外星发送地球文明信息）计划。这样做的主要理由，是他们幻想地球人类可以通过与外星文明的接触和交往而获得更快的科技进步。很多年来，在科学主义的话语体系中，中国公众只接触到这种观点。

而反对与外星文明交往的观点，则更为理智冷静，更为深思熟虑，也更以人为本。半个多世纪以来西方学者在这方面做过大量的分析和思考。比如以写科幻作品著称的科学家布林（D. Brin）提出猜测说，人类之所以未能发现任何地外文明的踪迹，是因为有一种目前还不为人类所知的危险，让所有其他外星文明都保持沉默——这被称为“大沉默”（Great Silence）。因为人类目前并不清楚，外星文明是否都是仁慈而友好的（卡尔·萨根就曾相信外星文明是仁慈的）。在此情形下，人类向外太空发送信息，暴露自己在太空中的位置，就很有可能招致那些侵略性文明的攻击。

地外文明能到达地球，一般来说它的科学技术和文明形态就会比地球文明更先进，因为我们人类还不能在宇宙中远行，不具备找到另一文明的能力。所以一旦外星文明自己找上门来了，按照我们地球人以往的经验，很可能是凶多吉少。

有些人认为，外星人的思维不是地球人的思维。它们的

文明既然已经很高级了，就不会像地球人那样只知道弱肉强食。但是，我们目前所知的唯一高级文明就是地球人类，我们不从地球人的思维去推论外星人，还能从什么基础出发去推论呢？上面这种建立在虚无缥缈的信念上的推论，完全是一种对人类文明不负责任的态度。

而根据地球人类的经验和思维去推论，来到地球的外星人就极可能是危险的，它们到这里来的最可能的目的就是侵略。星际文明中同样要有对资源的争夺，一个文明如果资源快耗竭了，又有长距离的星际航行能力，当然就要开疆拓土。这个故事就是地球上部落争夺的星际版，道理完全一样。

按我的观点，如果地外文明存在，我们希望它们暂时不要来。我们目前只能推进人类对这方面的幻想和思考。这种幻想和思考对人类是有好处的，至少可以为未来做一点思想上的准备。但是从另一个角度来看，人类完全闭目塞听，拒绝对外太空的任何探索，也不可取，所以人类在这个问题上有点两难。我们的当务之急，只能是先不要主动去招惹任何地外文明，同时尽量将地球文明建设好，以求在未来可能的星际战争中增加幸存下来的概率，同时过好我们的每一天。

对地外文明的探索，表面上看是一个科学问题，但本质上不是科学问题，而是人类自己的选择问题。我们以前的思维习惯，是只关注探索过程中的科学技术问题，而把根本问题忽略不管。

在中国国内，笔者的研究团队从 2008 年开始，连续发表论文和文章，认证和表达了同样的观点（比如发表在《中国国家天文》2009 年的国际天文年特稿《人类应该在宇宙的黑暗森林中呼喊吗？》）。我们认为，至少在现阶段，实施任何形式的 METI 计划，对于人类来说肯定都是极度危险的。

现在霍金也加入了反对贸然与外星文明交往的阵营。就我所知，他可能是迄今为止加入这一阵营的最“大牌”的科学家。考虑到霍金的影响力，尽管这不是他的创新，但很可能成为他对人类文明作出的最大贡献。

# 《大设计》：一个科学之神的晚年站队

## 霍金在一个根本问题上的站队选择

一个思想家，或者说一个被人们推许为、期望为思想家的人——后面这种情形通常出现在名人身上，到了晚年，往往会有将自己对某些重大问题的思考结果宣示世人、为世人留下精神遗产的冲动。即使他们自己没有将这些思考看成精神遗产，他们身边的人也往往会以促使“大师”留下精神遗产为己任，鼓励乃至策划他们宣示某些思考结果。

这种情形在中国也不难见到，比如钱穆晚年发表的关于“天人合一”的想法，季羡林晚年发表的关于“文化三十年河东三十年河西”的想法，都属于类似情形。最近的例子当然是史蒂芬·霍金。他在关于宇宙是不是上帝创造的，以及我们要不要和外星文明交往这两个问题上的最新看法，很受中外媒体的关注。其实霍金近来意义最深远的重大表态，还不是在这两个问题上。

《大设计》（*Grand Design*，2010）一书，看来将成为霍

《大设计》
原版书影

STEPHEN HAWKING and LEONARD MLODINOW
THE GRAND DESIGN
READ BY STEVE WEST
infzm.com AN UNABRIDGED PRODUCTION

在《大设计》中，霍金对一个就科学而言具有某种终极意义的问题表明了立场

金留给世人的最后著作。在《大设计》中，霍金对一个就科学而言具有某种终极意义的问题表明了立场——和前面提到的两个问题一样，霍金仍然只是完成了“站队”，并没有提供新的立场。但是考虑到霍金“当代科学之神”的传奇身份和影响，他的站队就和千千万万平常人的站队不可同日而语了。正是在这个意义上，我说霍金在前面两个问题上“用老生常谈作出了新贡献”，而在《大设计》中这个我们下面就要讨论的重大问题上，霍金已经不是老生常谈了，因为他至少作出了新的论证。

## 金鱼缸中的物理学

在《大设计》标题为“何为真实”（What is Reality？）的第三章中，霍金从一个金鱼缸开始他的论证。

假定有一个鱼缸，里面的金鱼透过弧形的鱼缸玻璃观察外面的世界，现在它们中的物理学家开始发展“金鱼物理学”了，它们归纳观察到的现象，并建立起一些物理学定律，这些物理定律能够解释和描述金鱼们透过鱼缸所观察到的外部世界，这些定律甚至还能够正确预言外部世界的新现象——总之，完全符合我们人类现今对物理学定律的要求。

霍金相信，这些金鱼的物理学定律，将和我们人类现今的物理学定律有很大不同，比如，我们看到的直线运动可能在“金鱼物理学”中表现为曲线运动。

金鱼缸

现在霍金提出的问题是：这样的“金鱼物理学”可以是正确的吗？

按照我们以前所习惯的想法——这种想法是我们从小受教育的时候就被持续灌输到我们脑袋中的，这样的“金鱼物理学”当然是不正确的。因为“金鱼物理学”与我们今天的物理学定律相冲突，而我们今天的物理学定律被认为是“符合客观规律的”。换句话说，我们实际上是将我们今天对（我们所观察到的）外部世界的描述定义为“真实”或“客观事实”，而将所有与我们今天不一致的描述——不管是来自金鱼物理学家的还是来自前代人类物理学家的——都判定为不正确。

但是霍金问道：“我们何以得知我们拥有真正的没被歪曲的实在图像？……金鱼的实在图像与我们的不同，然而我们能肯定它比我们的更不真实吗？”

这是一个非常深刻的问题，答案并不是显而易见的。

# 霍金“依赖模型的实在论”意味着他加入了反实在论阵营

在试图为“金鱼物理学”争取和我们人类物理学平等的地位时，霍金非常智慧地举了托勒密和哥白尼两种不同的宇宙模型为例。这两个模型，一个将地球作为宇宙中心，一个将太阳作为宇宙中心，但是它们都能够对当时人们所观察到的外部世界进行有效的描述。霍金问道：这两个模型哪一个是真实的？这个问题，和上面他问“金鱼物理学”是否正确，其实是同构的。

尽管许多人会不假思索地回答说：托勒密是错的，哥白尼是对的，但是霍金的答案却并非如此。他明确指出：“那不是真的。……人们可以利用任一种图像作为宇宙的模型。”而且不出我之所料，霍金接下去举的例子正是影片《黑客帝国》——在《黑客帝国》中，外部世界的真实性受到了颠覆性的质疑。

霍金举这些例子到底想表达什么想法呢？很简单，他得出一个结论：“不存在与图像或理论无关的实在性概念”（There is no picture-or theory-independent concept of reality）。而且他认为这个结论“对本书非常重要”。所以他宣布，他所认同的是一种“依赖模型的实在论”（model-dependent realism）。对此他有非常明确的概述：“一个物理理论和世界图像是一个模型（通常具有数学性质），以及一组将这个模型的元素和观测连接的规则。”霍金对于他所提出的“依赖模型的实在论”非常重视，视之为“一个用以解释现代科学的框架”。

那么霍金的“依赖模型的实在论”究竟意味着什么呢？

这马上让我想到了哲学史上的贝克莱主教（George Berkeley，公元1685—1753年）——事实上霍金很快就在下文提到了贝克莱的名字——和他的名言“存在就是被感知”。非常明显，霍金所说的理论、图像或模型，其实就是贝克莱用以“感知”的工具或途径。这种关联可以从霍金“不存在与图像或理论无关的实在性概念”的论断得到有力支持。

在哲学上，一直存在着“实在论”和“反实在论”。前者就是我们通常的唯物主义信念：相信存在着一个客观外部世界，这个世界不以人的意志为转移，不管人类观察、研究、理解它与否，它都同样存在着。后者则在一定的约束下否认存在着这样一个“纯粹客观”的外部世界。比如“只能在感知的意义上”承认有一个外部世界。现在霍金以“不存在与图像或理论无关的实在性概念”的哲学宣言，正式加入了“反实在论”阵营。

对于一般的科学家而言，在“实在论”和“反实在论”之间选择站队并不是必要的，随便站在哪边，都同样可以进行具体的科学研究。但对于霍金这样的“科学之神”来说，也许他认为确有选择站队的义务，这和他在上帝创世问题上的站队有类似之处。他认为“不需要上帝创造世界”也许被我们视为他在向“唯物主义”靠拢，谁知《大设计》中“依赖模型的实在论”却又更坚定地倒向“唯心主义”了。

最后顺便指出，吴忠超作为霍金著作中文版的“御用译者”，参与了绝大部分霍金著作的中文版翻译工作，功不可没。但在他提供给报纸提前发表的《大设计》部分译文（2010年10月7日《南方周末》）中，出现了几个失误。

最重要的一个，是他在多处将“realism”译作“现实主义”，特别是将“依赖模型的实在论”译成“依赖模型的现实主义”，这很容易给读者造成困扰。“realism”在文学理论中确实译作“现实主义”，但在哲学上通常的译法应该是“实在论”，而霍金在《大设计》中讨论的当然是哲学问题。在这样的语境下将“realism”译作“现实主义”，就有可能阻断一般读者理解相关背景的路径。

又如托勒密的《至大论》(*Almagest*)，霍金在提到这部著作时称它为“a thirtccn-book treatise”，这当然是正确的，但是译成“一部十三册的论文”就不妥了，宜译为“一部十三卷的论著”。

这些白璧微瑕都不是什么大问题，如在中译本出版时还来得及订正就更好了。

# 性命交关

# 中国一项真正的世界第一

——马王堆汉墓与两千年房中术之一

我平时不大喜欢谈的事情之一，是中国古代的“世界第一”，因为以前谈这事情的人士，常常忍不住穿凿附会，拔高古人，让人颇不以为然。但是中国古代还有些真正的世界第一，用不着会穿凿附会拔高古人的，那些人士却又不大愿意谈了——马王堆汉墓帛简书中的性学文献就是一个这样的例子。

在西方，说起性学经典，最古老者也就是两种：一是古罗马诗人奥维德（P. Ovidius)的诗集《爱的艺术》(*Ars Amatoria*)，包括《恋情集》、《爱的艺术》和《情伤良方》三部。奥维德生于公元前43年，是他那个时代的浪子班头。28岁那年推出诗集《恋情集》，详述他与情人之间种种情事，这些诗被认为“散发出一股炽热的肉欲享受和感官刺激”。年过不惑他又写了《爱的艺术》，此时奥维德意气风发，裘马轻肥，尽情享受着奢华而放荡的生活。《爱的艺术》

《爱的艺术》以青年男女的情爱导师自居，此书也成为奥维德极负盛名的作品

1644 年出版于法兰克福的《爱的艺术》

以青年男女的情爱导师自居，此书也成为奥维德极负盛名的作品。二是印度的《爱经》(*Kama Sutra*)，也称《欲经》或《伽摩经》、《迦玛经》等。作者筏磋衍那（Vatsyayana），今人对他的生平几乎一无所知，只知道他生活于公元1世纪至6世纪之间。《爱经》英译本初版于1883年，当时的书名是《译自梵文的筏磋衍那爱经》。

相比之下，1973年出土于长沙马王堆汉墓的五种性学帛简书，年代比奥维德的《爱的艺术》和筏磋衍那的《爱经》都要早。《养生方》、《杂疗方》、《十问》、《合阴阳》和《天下至道谈》这五种性学文献的写定年代下限，可以确定为公元前168年（汉文帝十二年），这可以由墓中发现的纪年木牍所表明的入葬年份推定。至于年代上限，可以上推至西汉初年，或秦汉之际，但这只是这些文献写定的年代——文献中的理论已经相当成熟，它们当然可能来自更早的年代。

中国房中术源远流长，仅据现已掌握的史料言之，自先秦直至今日，两千余年间一脉相传。从马王堆汉墓帛简书中的五种早期文献，经过六朝隋唐时期的《养性延命录》、《素女经》、《玉房秘诀》、《洞玄子》之类的经典著作，到明代《既济真经》、《修真演义》、《素女妙论》等晚期作品，其最基本的原则、技巧和诉求始终不变。故房中术可以说是中国文化中最重要、最稳定的传统成分之一。

房中术的基本诉求，从表面上来看似乎可一言以蔽之，曰“多交不泻”，即男子在性交过程中使自己保持不射精，

同时却使女方达到性高潮。历史上最重要的房中术理论家之一唐代孙思邈，对此有极为直截了当的论述，见《千金要方》卷二十七：

> 夫房中术者，其道甚近，而人莫能行其法：一夜御十女，闭固而已，此房中之术毕矣。

这当然是稍带夸张的说法。而且“夜御十女”现在看来还有伦理道德问题。“闭固”即保持不射精，自实际效果而言，如能做到在性交时不射精，自然就能保持一夜连续与多个女子性交的能力。但这种做法在现代性学中得不到支持——现代性学认为，长时间勃起并忍精不射会导致一系列有害的后果，所以男性在性交时应该正常射精。

几乎所有的房中术著作，都将达到“多交不泻”作为最重要的修习技巧，因为有三项观念在背后作为基础。

一是“阴阳天人感应”，认为多多性交是一件体天之道而利生利人的美事。典型的论述可见公元10世纪日本人丹波康赖《医心方》卷二十八（此卷集中国六朝隋唐房中文献之大成）称引彭祖之说：

> 男女相成，犹天地相生也。天地得交会之道，故无终竟之限；人失交接之道，故有夭折之渐。能避渐伤之事，而得阴阳之术，则不死之道也。……宜知交接之法。法之要者，在于多御少女而莫数泻精，使人身轻，百病

消除也。

按现代性学的观点，上述托引彭祖之说的逆命题至少可以成立——缺少性交对男女健康都不利，缺少性生活者之平均统计寿命也较有正常性生活者为短。

二是所谓“采阴补阳”，相信男性能够从女性达到性高潮时的阴道分泌液（“女精”）中获得补益而祛病延年。还有较为抽象之说，相信在性交时女性的“阴气”可以补益男子。这方面的典型论述，可举马王堆汉墓简书《十问》中所云：

> 待彼合气，而微动其形。能动其形，以致五声，乃入其精——虚者可使充盈，壮者可使久荣，老者可使长生。

“合气”指男女交媾。上面的表述当然是以男性为中心的。其说在现代性学理论中也能得到间接的支持——活跃的性生活总的来说对男女健康都是有益的。

三是所谓“还精补脑”。认为性交时男子在即将射精的一瞬间，以手指压迫输精管，就能使精液反走上行而直达人脑。由于男性精液被古人视为极其珍贵的生命之液，所以认为精液上行到达大脑可以补脑。“还精补脑”被房中术家视为不可轻易传人的秘技，典型论述可见《医心方》卷二十八引《仙精》(已失传)：

> 还精补脑之道：交接精大动欲出者，急以左手中央两指却抑阴囊后，大孔前，壮事抑之，长吐气，并碌齿数十过，勿闭气也；便施其精，精亦不得出，但从玉茎复还，上入脑中也。此法仙人口口相授，皆饮血为盟，不得妄传，（妄传者）身受其殃。

这样的“还精补脑”，当然是古人的幻想。事实上，如按上法操作，精液确实可能不再射出，但实际上是进入膀胱，以后随小便一起排出，根本不可能上行“补脑”。有趣的是，在世界不少民族中，上述“还精”之法都被当作一种避孕技术。大陆60年代出版的卫生小册子中，也曾推荐此法避孕。

# 取悦女性还是战胜女性

## ——马王堆汉墓与两千年房中术之二

古代中国是实行多妻制的，至少上层社会是如此。多妻正是理解中国古代房中术何以蔚为大观的关键。

帝王或多妻家庭的男性家主，既然占有了众多女性，他同时也就有了义务，要让她们都获得适度的性满足。然而一个男人的性能力毕竟有限，如果按照现代人通常的方式性交，那么射精之后，由于男性“不应期”（随年龄而增长，具体时间因人而异，极短者仅几分钟，一般人为几小时，老年人可长达几天）的存在，他很难经常在同一个晚上与一个以上的女性性交，因而也就很难避免妻妾们独宿空房之怨。男性家主为了让妻妾和睦，闺房欢乐，必须寻求尽量使众多妻妾获得性满足的方法——这方法别处没有，只能求之于房中术。这里举明代一个不知名的男性家主的经验之谈为例（荷兰人高罗佩收集的一种残页，录入《秘书十种》之五）：

（妻妾）督米盐细务，首饰粉妆弦索牙牌以外，所乐只有房事欢心。是以世有贤主，务达其理，每御妻妾，必候彼快。……街东有人，少壮魁岸，而妻妾晨夕横争不顺也；街西黄鬓伛偻一叟，妻妾自竭以奉之，何也？谓此谙房中微旨，而彼不知也。

古代女性幽居深闺，生活圈子和精神天地都很狭小，她们只是男性家主的附庸，因此性爱在她们生活中的重要性，绝非一夫一妻制的现代都市女性所容易想象（即使在现代都市女性的生活中，性爱也是非常重要的）。由此可以理解，房中术那些以“夜御十女”、“百战不殆”为号召的技巧，以及以“采阴补阳”、“还精补脑”、“男女俱仙”为号召的理论，为何会普遍大受多妻男性家主的欢迎了。

多交不泻被认为值得用极大的努力去追求，但用何种手段去达到，却并没有什么一学就会、一试就灵的绝招。最主要的途径是男子运用自身的意念进行控制，例如《紫金光耀大仙修真演义》要求男子在即将射精时，“存想夹脊之下、尾闾之穴，有我精气，为至宝，不可走失”。这种意念控制射精之法，经过适当练习，确实可以有实效。从现代观念来说，此法也确实有助于提高男子的性交能力和技巧——存想的内容当然可以随时代而演变。为达到多交不泻，还可以辅之以一些特殊的动作，如仰头、张目、闭气、提肛、“速将腰身一提”，等等。此外房中家经常谈论的“九浅一深”、“弱入强出”、“死往生还”之类，也都是着眼于多交不泻的辅助技巧。

多交不泻说到底还只是手段，房中技巧的根本目的是要在男子不射精的前提之下，令女性达到性高潮——此时女性的分泌物才能“补益”男子。为此房中术理论又将极大的注意力投向女性的性反应周期表现，以及与此相应的前戏技巧。马王堆汉墓简书《合阴阳》中的“五欲之征”,《天下至道谈》中的“八观”,《医心方》卷二十八中的“五征”、“九气”、“十动”等，都属此类。试举“十动”为例：

> 素女曰：十动之效：一曰两手抱人者，欲体相薄，阴相当也。二曰伸其两臂者，切磨其上方也。三曰张腹者，欲其浅也。四曰尻动者，快善也。五曰举两脚拘人者，欲其深也。六曰交其两股者，内痒淫淫也。七曰侧摇者，欲深切左右也。八曰举身迫人，淫乐甚也。九曰身布纵者，支体快也。十曰阴液滑者，精已泄也。见其效以知女之快也。

这些记载，以对实际情况的仔细观察为基础，具有性行为学上的重要史料价值。对于增进性爱技巧，也确实有帮助。

为了促成男子交而不泻却让女性达到性高潮，另一条途径是求助于药物。男性所用，主要是壮阳补肾一路，力求性交能够持久。施用于女性者，则以催情、兴奋为主，这与大量前戏技巧如拥抱、接吻、爱抚等有类似的功能，目的在于使女性尽早进入性兴奋状态，然后男子才开始正式与之性

交。这些房中药可分内服、外敷两大类。男用较多内服，女用较多外敷（有时男性施药于阴茎前端，目的仍是令药作用于女性阴道）。

但是另一方面，在“采阴补阳”和“采阳补阴”两种理论同时的威胁和利诱之下，性交在某些房中术理论家看来，又成为一种危险的游戏，一场两性之间的战争。《医心方》卷二十八上说：“御女当如朽索御奔马，如临深坑，下有刃，恐堕其中。”因为谁先达到高潮，谁就将成为战败的一方，他（或她）的“精气”就被对方获得，自己就成为作出奉献的一方。因此双方都力求达到“损人利己”的结果。

正是出于这种观念，房中术著作中非常喜欢使用战争术语，将“御女”称为“御敌”，有时干脆将女性称为“敌人”，女性先达到性高潮被称为“投降”或“宾服”。最突出的是明代房中术著作《纯阳演正孚佑帝君既济真经》，通篇全以军事术语写成，不知者初见会误认为是一篇兵书。

人们很自然会问：如此临深履薄、危险万状的性交，还有什么乐趣可言呢？房中术理论家似乎早已料到人们会有此一问，预告准备好了一番说辞，《医心方》卷二十八引《玉房秘诀》云：

> 采女问曰：交接以泻精为乐，今闭而不泻，将何以为乐乎？彭祖答曰：夫精出则身体怠倦，耳苦嘈嘈，目苦欲眠，喉咽干枯，骨节解堕。虽复暂快，终于不乐也。若乃动不泻，气力有余，身体能便，耳目聪明。虽

自抑静，意爱更重，恒若不足，何以不乐耶?

对于中国古代多妻的男性家主来说，上面这番说辞并不是毫无说服力的。

# 作为养身之道的房中术

——马王堆汉墓与两千年房中术之三

房中术以前曾被说成是一种为“剥削阶级”服务、帮助他们过“腐朽糜烂”生活的罪恶工具，当然实际情况并非如此。在很大程度上，房中术被视为一种养生之道。

虽然古代中国基本上是一个男性中心的社会，但是在作为养生之道的房中术理论中，倒也不乏男女平等甚至“女性中心”的观念。

与“采阴补阳”相反的观念是“采阳补阴”——女性在性交过程中竭力促使男方射精，从而吸取“元阳”补益自身，使自己青春长驻，长生不老。这很可能是一种较后起的理论，因为在现今所见房中术文献的最早源头，马王堆汉墓出土的五种房中书中，未见这类说法的迹象。“采阳补阴”之说主要以神话传说的形式流传。这里举较早期的两则传说为例：《医心方》卷二十八引冲和子曰：

> 非徒阳可养也，阴亦宜然。西王母是养阴得道之者

也。一与男交而男立损病，女颜色光泽。

而《神仙传·女丸》则更像一篇微型小说：

女丸者，辰市上沽酒妇人也。作酒常美。遇仙人过其家饮酒，以素书五卷为质。丸开视其书，乃养性交接之术。丸私写其文要。更设房室，纳诸年少，饮美酒，与止宿，行文书之法。如此三十年，颜色更如二十时。仙人数岁复来过，笑谓丸曰："盗道无私，有翅不飞。"遂弃家追仙人去，莫知所之云。

在这类故事中，男子在性交中都成为奉献者，女子则得到"补益"而年华永驻。这类传说后来为明清色情小说提供了重要的创作思路。成为《昭阳趣史》、《株林野史》等小说大肆渲染的主题。

房中术理论中还有一派主张，多见于道教经典，称为"男女俱仙之道"。这派主张相信，当男女性交之时，如果同时实施某些气功、咒语之类，就能使双方都获益，同登长生不老之境。姑举一则比较重要的论述为例，见《云笈七签》卷一〇五：

于是男女可行长生之道。其法要秘，非贤勿传。使男女并取生气，含养精血，此非外法专采阴益阳也。……先须忘形忘物，然后叩齿七通而咒曰：……男

子守肾固精……女子守心养神……若久久行之，自然成真，长生住世，不死之道也。

现代观点认为，和谐的性生活对男女双方的健康都是有益的，所以这派主张在神秘主义的外壳背后有着相当的科学依据；况且它又男女平等，使人在性交时还能展开双双成仙的美丽幻想。

中国古代长生之术有四大流派：一曰行气（即今之气功），二曰导引（大体相当于今之体操锻炼），三曰服食（服用各种补药，也包括炼“外丹”、辟谷等术），四曰房中。四派之间互有联系。例如在房中术实践中，可以同时服食补药、在性交时辅之以气功、性交本身又采用一些特殊的体位姿势，这样实际上就是四术并用了。

房中术作为长生术之一，还被认为具有更为“实在”的健身祛病功效。房中术家相信，许多疾病可以通过特定形式的性交活动而治愈。这方面最突出的例子，是所谓的“七损八益”。此说渊源久远，早在马王堆汉墓简书《天下至道谈》中就被特别强调：

> 故善用八益、去七损，五病者不作。
>
> 故善用八益、去七损，耳目聪明，身体轻利，阴气益强，延年益寿，居处乐长。

在稍后的房中术文献中，对何为“七损”、何为“八益”，有更为详细的论述：所谓“八益”，指用八种不同体位姿势每日多次性交（男性当然不射精），若干天为一个“疗程”，据说可使男性身体强健，并可治疗女性一些与生殖系统有关的病症。所谓“七损”，指在七种不宜性交的状况下性交而导致的男性身体不适和性功能障碍。治疗这些不适和障碍的方法，仍是类似“八益”那样的多次进行不同体位姿势的不射精性交。

这种“性交所致之病，仍以性交治之”的思想，确实非常有趣。兹举《医心方》卷二十八所论八益之六及七损之六为例：

> 六益曰畜血。男正偃卧，令女戴尻跪其上，极内之，令女行七九数，数毕止。令人力强，又治女子月经不利。日七行，十日愈。
>
> 六损曰百闭。百闭者，淫逸于女，自用不节，数交失度，竭其精气，用力强泻，精尽不出，百病并生，消渴，目冥冥。治之法：令男正卧，女跨其上，前伏据席，令女内玉茎，自摇，精出止，男勿快。日九行，十日愈。

这类听起来很玄、甚至让人觉得有点荒唐的性治疗方法，其中科学成分之高，却大大出于现代人想象之外！

例如，“畜血”是一种女上位性交，而这正是现代性医学在治疗女性性欲高潮障碍时建议采取的方法之一。又如

“七损”的治疗方法，都要求男女双方采用特定的姿势多次性交，“日九行，十日愈”，这种多次“操练”的方法，正是现代性医学家向男性有性功能障碍的夫妇推荐的重要疗法之一。

最令人惊异的例子之一，是上引“七损”中的“百闭”及其疗法：指明这是引性交过度而引起的男性射精不能，推荐的疗法是女上位性交，并要求女方来完成插入动作；而现代西方权威的性医学家 R. Koolodny 等人在其著作《性医学》中，对治疗射精不能推荐了完全相同的疗法！古代中国与现代西方，地域相隔万里，时间相去又在一千数百年之久，竟对同一病症推荐了同一疗法，且在细节上又如此吻合，实在令人叹为观止。

和谐甜美的性生活，不仅确实有利于男女双方的身心健康，而且大大有助于提高婚姻生活的质量。因此将房中术视为祛病延年的养身之道，确有相当程度的真实性。这与古代中国人高度重视“男女大欲”及其满足的传统是完全一致的。

# “内丹”之谜：自然奥秘还是人间神话？

中国古代有若干种以长生为号召的方术，用现代科学的标准来看，当属伪科学无疑（主要是就长生的可能性而言），但是这些方术是否有一定的实际健身作用，却也不能轻易一概否定。这类方术中最重要的有如下四派：一曰房中，对应现代的性保健和性技巧；二曰行气，对应现代的气功；三曰导引，对应现代的体操锻炼，也可包括某些带有体操性质的拳术；四曰服食，对应现代的服用补药，也可以包括辟谷（可对应现代的节食）。

这些方术中，有道教的所谓“内丹”，经常被说成极其神奇的秘术，认为它可以使人达到长生不老的神仙境界。甚至某些受过严格科学训练的现代学者，竟然也对“内丹”之说表示某种程度的相信。例如李约瑟曾写道：“中国炼丹术最重要的内丹部分和性技巧密切相关，就像我们所相信的，它能使人延年益寿，甚至长生不老。”（见李约瑟为张仲澜《阴阳之道——古代中国人寻求激情的方式》一书所写的序）

那么“内丹”究竟是什么呢?

这又要先从道教与房中术的渊源说起。

房中术与道教有着特殊关系。道教创始之初，房中术就是天师道的重要修行方术之一。后来寇谦之改革天师道，虽有“除去三张伪法，租米钱税，及男女合气之术”的宣言，但在《云中音诵新科之诫》中他仍明确表示:“然房中求生之本，经契故有百余法，不在断禁之列。”葛洪在《抱朴子》中也有“而房中之术，近有百余事焉”的说法。此后房中术一直是道教非常重视的方术之一。中国性学史上的三位大房中家葛洪、陶弘景和孙思邈，都是道教中的著名人物。

房中术理论中有所谓“男女双修”之术，认为男女在性交过程中进行修炼，可以使男方或女方乃至男女双方都延年益寿。这种理论是房中术与内丹的直接通道。

道教之研究内丹，在残唐五代已渐成风气。入宋后，南北二宗相继兴起，内丹成为道教最主要的修炼方术。内丹家最重要的经典，是东汉魏伯阳的《周易参同契》和北宋张伯端的《悟真篇》。《参同契》兼及内、外丹，后世内丹家的许多基本话头都已出现在其中。《悟真篇》则专述内丹，问世后影响极大，注家甚多。各家注中，对和房中术的关系涉及较多者为《紫阳真人悟真篇三注》。虽然内丹家总是采用闪烁其辞、神秘虚玄的表述方式，给后人正确理解内丹造成很大困难，但仍可以从中看出大致的线索:

> 《悟真篇》云:“二物会时情性合,五行全处虎龙蟠。本因戊巳为媒娉,遂使夫妻镇合欢。”

这段话里提到了“夫妻”、“交媾”等语,但这还不足以证明所言必为男女双修之事。类似上面的说法,在内丹家著作中很常见,有些内丹家认为这只是借用的表达方式,类似屈原之用香草美人以喻君臣离合,并非真指男女交媾之事。比如马珏说:“虽歌词中每咏龙虎婴姹,皆寄言尔。是以要道之妙,不过养气。”这可能更合于清修派的见解。

> 《悟真篇》云:“阳里阴精质不刚,独修此物转羸尫。劳形按引皆非道,服气飡霞总是狂。”

此种珍视精液的观念,显然是从房中家那里继承而来。道教有一种观念,认为女性全身属阴,唯生殖器为纯阳;男性则反是,全身属阳,唯生殖器属阴,故称精液为“阳里阴精”。由此就更容易理解注文中的说法:“若或独修此物,转见尫羸。按引劳形,皆非正道;飡霞炼气,总是强徒。设若吞日月之精华,光生五内,运双关,摇夹脊,补脑还精,以至尸解投胎,出神入定,千门万法,不过独修阳里阴精之一物尔。孤阴无阳,如牝鸡白卵,欲抱成雏,不亦难乎!”这就明确表示仅修“孤阴”——仅仅惜精和炼精是不行的,这就向双修概念靠近了一步。

> 《悟真篇》云:“不识阳精及主宾,知他哪个是疏亲?房中空闭尾闾穴,误杀阎浮多少人。”

对此注文中说:“盖真一之精乃至阳之气,号曰阳丹,而自外来制已阴汞,故为主也。二物相恋,结成金砂,自然不走,遂成还丹。”所谓至阳之气自外来云云,联系到前面所说男女阳中之阴、阴中之阳的观念,不难看出已暗示了异性之间的性行为。至此双修的概念已经逐渐明显。

然而注文又竭力要与“御女之术”划清界限:“阳精虽是房中得之,而非御女之术。若行此术,是邪道也,岂能久长?”这里所谓“三峰御女”之术,因涉及口、乳、阴(称为上、中、下三峰)而得名,又和半传说半真实的道教人物张三丰扯上关系,有《三丰丹诀》一书述此术颇详。此术已与经典房中术大相径庭,且有伦理道德问题,但却很难说与内丹术全无关系。

> 《悟真篇》又云:“白虎首经至宝,华池神水真金,故知上善利源深,不比寻常药品。”

注文云:“首经即白虎初弦之气”,即少女首次月经之血,所谓“闺丹”即由此种物质制成,称为“先天红铅”,被认为是一种非常滋补的药物。凡此种种,皆为“三峰御女”之术中的典型内容,注文接着又说:“是首经耶?不是首经耶?咦!路逢侠士须呈剑,琴遇知音始可弹!”到此可以说再也掩饰不住与“三峰御女”的亲缘关系了。

综上所述，内丹本是气功，双修又涉及性行为，房中术理论家的“以交接求健身长寿”、“惜精”、“交接时兼行气功”这三项主张，都被内丹双修派以特有的方式吸取了。故这种内丹实际上就是“房中”和“行气”相结合的方术。

但是到目前为止，尚无任何科学证据表明“内丹”可以使人长生不老。

关于双修和内丹，高罗佩在《秘戏图考》中曾提到，中国道教房中双修之术“与印度密教文献和一些似以梵文史料为基础的文献中所说明显相似”。十年后在《中国古代房内考》中，他给出一篇题为“印度和中国的房中秘术”的附录，其中提出：早在公元初就已存在的中国房中秘术，曾“理所当然”地传入印度，至公元7世纪在印度被吸收和采纳。他的结论是：“中国古代道教的房中秘术，曾刺激了金刚乘在印度的出现，而后来又在至少两个不同时期以印度化形式返传中土。”这两次返传，一次是密教在唐代的传入，一次则以喇嘛教的形式在元代传布于中土。两者都有男女交合双修的教义与仪轨。

# 四大发明

# 重新评选中国的“四大发明”

## ——丝绸、中医药、雕版印刷、十进制计数

关于中国古代的“四大发明”，近年渐成争议题目，这是中国社会和中国人思想观念开放进步的表现，应该欢迎。由此导致对原“四大发明”的重新审视，乃至提出新的“四大发明”候选项目，也有多方面的意义。2006年因为参加央视的一个国庆特别节目，我在谈话中提过一个“新四大发明”选项，就“一不小心”也被卷入了有关争论中。

对于大家熟悉的中国古代“四大发明”，有“挺”和“批”两派。就我个人的感觉而言，似乎是“批”的一派较占上风。主要是因为“挺”派义愤有余而思想武器不足，基本停留在几条陈旧的辩护理由上，到了今天还这样就不容易得到广泛同情了。而“批”派言辞激烈，立场鲜明，自然更容易耸动视听。

既然如此，不如让我们心平气和，将此问题的前世今生稍加梳理，再看看“批”的依据何在，最后看我们可以有什么新的思路。

从争论中所“挖”出的线索来看，关于中国古代“四大发明”之说的演变和成型，依次有如下三个重要人物：弗朗西斯·培根、卡尔·马克思、李约瑟。

培根曾倡言古代“三大发明”：印刷术、火药、指南针，并且从文学、军事和航海活动三方面阐述这些发明的重要意义，说它们“使世界产生了不计其数的变革，以至于没有任何帝国、教派、个人对人类事务产生如此重大的影响力”。不过在《新工具》中他认为，这三大发明“它们的起源模糊不清”，并未将它们归于中国。

后来马克思基本上沿用了培根的说法，认为“火药、指南针、印刷术——这是预告资产阶级社会到来的三大发明。火药把骑士阶层炸得粉碎，指南针打开了世界市场并建立了殖民地，而印刷术则变成了新教的工具，总的来说变成了科学复兴的手段，变成对精神发展创造必要前提的最强大的杠杆”。不过他也没有说这三大发明是中国的。他甚至认为“中国根本就没有科学和哲学”。

尽管在马克思和李约瑟之间还有来华传教士艾约瑟，他最先在上述三大发明中加入造纸术。真正确立“四大发明”之说，并明确将它们归于中国的，被认为是李约瑟。由于李约瑟在中国媒体和公众中的知名度，“四大发明”之说由此深入人心。

值得注意的是，“四大发明”定型的版本是：火药、指南针、造纸术、活字印刷术。这给“批”派提供了相当大的攻击口实。

关于火药，“批”派强调，要区分“黑火药”和“黄火药”两个体系。近现代军事和工业上广泛使用的都是“黄火药”（即“黄色炸药”），故培根所说的对世界历史的影响应该落实在“黄火药”体系。而中国古代所发明的是“黑火药”，而且西方人比中国人更早掌握了“黑火药”的正确配比。所以“批”派断言火药根本不是中国人最先发明的。

关于指南针，“批”派要求区分“水罗盘”和“旱罗盘”，“旱罗盘”被认为是西方人发明的，而“水罗盘”的技术细节，现在仍存在争议。至于更早的“司南”，既无古代实物留存，现代仿制品也未能如古书中所描述的那样顺利运行。所以“批”派认为中国古代至多只是“发现”了磁现象，根本谈不上“发明”了指南针。

关于造纸术，“批”派问道：古代埃及的纸莎草纸（Papyrus）算不算纸？——那比中国东汉的蔡伦造纸还要早约三千年。确实，如果我们坚持要将西汉的“灞桥纸”算作纸（因为这可以提前中国造纸的年代），那古埃及的纸莎草纸显然更应该算纸。因为纸莎草纸留下了无数色彩艳丽的书法和绘画作品，而“灞桥纸”只是出土过一些碎片而已，“其中最大的一片长宽各约10厘米”，那些碎片上都没有任何文字或图案。

关于“活字印刷术”，是最授人以柄的一项。因为想和古登堡1439年发明的活字印刷术比先后，就要强调沈括《梦溪笔谈》卷十八“技艺”中所记北宋庆历年间（公元

1041—1048年）布衣毕昇发明的泥活字印刷术，但这样就无法正视如下事实——在毕昇发明活字印刷术之后将近一千年间，中国的绝大部分书籍仍然是雕版印刷的。所以“批”派断言毕昇的泥活字印刷术“是一种失败的发明”，确实也相当能够言之成理。其实在“四大发明”的这一项上，如果改为“印刷术”，就可以用“雕版印刷术”来抵挡“批”派的攻击，处境就会好多了。

在归纳了“批”派的攻击之后，我们当然要转而来为“挺”派想一想。

2006年我在央视国庆特别节目中曾提出“新四大发明”：雕版印刷、天文学上的赤道式装置、十进制计数法、中医中药。当时的想法，是既强调这些发明对中国文化的影响，也适当照顾这些发明出现的年代在世界上的领先地位。

雕版印刷是中国古代最重要的印刷方法，也是最重要的知识传递方法，承载着中华文明的延续。天文学上的赤道式装置中国人比欧洲人早一千五百年就已经开始使用了。十进制计数法是中国人传统记数的方法，从它被发明的那一刻就已经与今天的国际接轨。中医中药是一种独特的医疗体系，几千年来一直呵护着中国人的健康。

2008年，中国科技馆新馆推出由国家文物局和中国科协联合主办的《奇迹天工——中国古代发明创造文物展》，该展重新定义了新的“四大发明”为：丝绸、青铜、瓷器、造纸印刷。这代表了新的思路：将每项都宽泛化，比如以“造纸印刷”取代了“造纸术”和“活字印刷术”，而新出现的丝绸、青铜、瓷器三项，都是范围比较广、技术含量比较高的工艺，这显然是针对“批”派指责原“四大发明”缺乏技术含量而作出的改进。

我认为，如果我们考虑这样三个原则：

1. 要对中国文明或中国人生活有着广泛影响。

2. 要尽量保证在世界上有着尽可能大的发明优先权（不一定要绝对“世界最早”）。

3. 要有足够的科学技术含量。

那么比较可取的“新四大发明”选项如下：

**丝绸、中医药、雕版印刷、十进制计数。**

还可以有一个“新四大发明 B 组”备选：

**陶瓷、珠算、交子**（纸币）、**农历**（阴阳合历）。

# 司南：迄今为止只是一个传说

## 司南神话的基础

随着前些时候围绕候风地动仪真假问题的争议，这个曾出现在中国中小学课本中的“中国古代科技成就”，基本上可以认定只是一个古代的传说。许多年轻人曾对这件器物的存在深信不疑，现在他们颇有上当受骗之感。

2010年底，我应邀评议一套新编的小学《科学》课本，发现另一件中国古代器物——司南——也出现在课本上：“在两千多年前，中国人就制作了司南。将一块天然磁石雕磨成匙状，让它在刻有方位的水平底盘面上自由地转动，结果磁石的匙柄总是指向南方。”当时我建议再版时将上面引的这段话去掉，或者至少将司南的插图去掉。因为我感到司南将成为紧随地动仪后下一个进入公众视野的争议对象（学术界的争议此前就有）。没想到我的感觉竟如此准确——这样的争议文章在2011年1月的《看历史》杂志上就出现了。

为什么司南会成为下一个进入公众视野的争议对象？这

就是“城门失火殃及池鱼”的道理。当地动仪神话垮掉之后，和它同类的司南神话就很难独善其身。更何况仅就古代文献依据而言，司南还不如地动仪可靠。

建构司南神话所依据的历史文献，最重要的是如下两条：

> 夫人臣之侵其主也，如地形焉，即渐以往，使人主失端，东西易面而不自知。故先王立司南以端朝夕。(《韩非子·有度》)
>
> 司南之杓，投之于地，其柢指南。(《论衡·是应篇》)

为了将司南——它被视为后世指南针的基础——的历史提前到汉代乃至先秦，从而确保中国“四大发明”的优先权，上面这两条史料是至关重要的。不幸的是，这两条史料都有严重问题。它们都可以（甚至应该）作别的解释。

《韩非子》中的那一条，明显是在讨论人主如何保持权柄不让臣下犯上，“端朝夕”是指严肃君臣之礼——早上人主“东向而朝”召见臣下。故此处“司南”显然是指“规章”、“礼制”之类的抽象事物。

《论衡》中的那条，在宋代版本中“司南之杓”作“司南之酌”，而“酌”可以解释为“用”；更成问题的是“其柢指南”中的“柢”，意思是一段横木。于是这段话就可以释读为：“使用司南时，将它放在地上，那段横木指向南方。”

这样的“司南”是什么？一眼就可以看出它是“指南车”。而不是能指南的磁石勺子。

## 究竟有没有人造出过一具真的司南？

那么这个多年来一直出现在中小学课本中的“天然磁石勺子”的司南图像，究竟从何而来的呢？它来自科技考古专家王振铎（公元1911—1992年）的假想。

王振铎从20世纪30年代开始，受中央研究院委托研制中国古代科技模型；50年代起曾任文化部文物局博物馆处处长、中国历史博物馆研究员等职。和一些古人一样，他是相信司南神话的。他从1945年即开始复制司南，依据的就是《论衡》中的那条记载——他用的是明版的文本“司南之杓”，所以他将司南假想为一个能指南的磁石勺子。在1947年发表的一篇论文中，王振铎报告说他用天然磁石制成了司南：“琢珑成司南后，置于地盘（仿自刻有方位的古代式盘）上投转之……其杓指南。”

我以前曾将指南车、候风地动仪、水运仪象台称为中国古代的“三大奇器”（见《新发现》2007年5月号），如果加上司南，可称“四大奇器”。这四大奇器王振铎全都复制过。尽管究竟怎样才算“复制”其实是有疑问的（详见下文），但王振铎当时的权威和名声已足以让许多人相信他论文中的报告。一个有力的例证，是中国在1953年发行邮票《伟大的祖国》（特7.4，全套4枚），其中第一枚即为司南，说明文

绘有司南的邮票

字为："司南·指南仪器·战国（公元前三世纪）"。发行邮票是"国家行为"，通常意味着得到了官方的高度认可。

发行邮票当然会对公众产生广泛影响，而在学术界，王振铎复制司南的报告也得到了相当广泛的认可。比如，在李约瑟原著、罗林改编的《中华科学文明史》中，就肯定了王振铎"用天然磁石做成的指南勺"，并说"他所用的磁石来自汉代人几乎肯定也能找到的地方"（上海人民出版社 2010 年版，第 585 页）。又如，在戴念祖等著的《中国物理学史》中，专为司南设立了一小节，结论是："司南诞生于汉代，或更早的战国时期。自汉以降，司南屡被制造并被用作定向仪器。"（广西教育出版社 2006 年版，第 204 页）

但是，1952 年，当时的中国科学院院长郭沫若为访问苏联准备礼物时，请中国科学院物理研究所制作一具司南，谁知用天然磁石制作的司南却无论如何无法指南。主要原因是，即使将磁石加工得极为光滑，并且将地盘的材质从木质换成青铜，天然磁石的磁力仍远不足以克服磁勺和地盘之间的摩擦力。最后只好用电磁线圈给磁勺充磁，它才能够指南。虽然这具司南还是被作为礼物送给了苏联，但战国或汉代当然不可能有充磁的电磁线圈，所以它已经不是真正的"复制"了。

当时王振铎正担任文物局博物馆处处长，人们很自然会想到，他 1947 年论文中报告的那具天然磁石制成的司南，究竟在哪里呢？杨东晓发表在《看历史》上的文章中说："这把能指南的天然磁勺，除了在论文中出现过之外，却再也没有音讯。当《看历史》杂志记者向国家博物馆考古学家孙机求证时，孙机表示，国博的研究者们至今没有见过这把天然磁勺。”后来博物馆中的司南陈列品，则都是用充过磁的金属制成。

其实，对于王振铎复制成功天然磁石司南的疑问，即使在上述两种肯定司南复制的学术著作中，也不无蛛丝马迹。李约瑟说“指南勺不可能是用磁化了的铁制成的”；戴念祖则说“王振铎复制司南太考究，以致其复制品的剩余磁性极弱”。他们为何要这么说？这是委婉的暗示吗？

## 中国科学史上“四大奇器”之命运列表

对古代仪器真正意义上的复制，必须同时满足两个条件：

1. 复制品要达到古代文献中记载的功能，比如司南要能指南，候风地动仪要能反映地震，水运仪象台要能靠水力驱动并完成自动报时和天象演示。

2. 复制品不能使用古代记载中不存在的技术手段，比如用电磁线圈对磁勺充磁，或在水运仪象台内部安装电动机。

按照上述两个条件，司南违反了第 2 条，候风地动仪至少违反了第 1 条。前不久又有人高调宣布“复制”候风地动仪成功，但是此后地震频仍，最近的日本地震达到 9 级，为何不见该地动仪成功反映的报告？至于水运仪象台，复制者众多，而且往往缩小了比例（历史文献记载中水运仪象台高约12米，王振铎复制品缩小为五分之一），但至今没有一座能够真正依靠水力运行，也违反了第2条。只有指南车，上述两个条件都能满足。

如将“四大奇器”合而观之，情况可归纳如下表：

| 情况/奇器 | 司南 | 指南车 | 候风地动仪 | 水运仪象台 |
| --- | --- | --- | --- | --- |
| 有无历史文献记载 | 有 | 有 | 有 | 有 |
| 记载中有无内部结构描述 | 不需要 | 无 | 无 | 相当详细 |
| 现代复制是否公认真正成功 | 否 | 是 | 否 | 否 |
| 是真有如此奇器，还是传说？ | 传说 | 可信其有 | 传说 | 传说 |

故本文的结论是：“四大奇器”之中，目前只有指南车复制成功，可以相信古代确有其物。而司南、候风地动仪、水运仪象台三器，迄今为止只能认为是古代的传说——即使曾有过其物，其神奇功能也只是传说。

除非今后出土了司南实物，或真正复制成功，结论方可改变。

# 火药及其西传：究竟是谁将骑士阶层炸得粉碎

火药被列为中国著名的“四大发明”之一。但关于此事的争议也非常之多。

为了让我们不至于迷失在无穷无尽的争议之中，首先应该明确两个基本概念。

第一是黑火药和黄火药的区别。关于火药是否为中国最先发明的争议中，争议的对象都是指黑火药，即由硝石、硫磺和炭按一定比例混合而成的混合物。而近代欧洲军事和工业中广泛使用的，都是黄火药（黄色炸药），它是一种化合物，起源于1771年合成的苦味酸——最初是作为黄色染料使用，1885年法国用它装填炮弹之后，开始在军事上广泛应用。因为这是一种黄色结晶体，黄色炸药的名称便由此而来。此后快速发展改进，品种繁多。我们现在通常所说的“炸药”，指的都是黄火药（黄色炸药）系统。而这个黄火药系统与黑火药之间没有任何承传关系。

第二是火药和燃烧物的区别。燃烧物在燃烧时，一个必

要条件是消耗氧，所以阻断新鲜空气的进入可以中止燃烧（使之无法补充氧）。而火药（炸药）在燃烧（爆炸）时，无需外界提供氧，此时发生的过程是一种“自供氧燃烧”。在黑火药的成分中，硝石就是扮演着氧化剂的角色。因此在讨论黑火药的发明或传播过程中，硝石是非常关键的因素。

黑火药在晚唐时（公元9世纪末）已经出现，对它的研究始于中国古代炼丹术。

炼丹家对于硫磺、砒霜等具有猛毒的金石之药，在使用前常用烧灼之办法以“伏”其毒性（使毒性消解或降低），或以此来改变药物被加热后易挥发、易爆燃的状况，此种工艺称为“伏火”。从流传下来的“伏火”方子看，通常都有硝石、硫磺和炭素，学者们相信，黑火药就是无意中通过这些“伏火”方子而诞生的。

黑火药对于丹房（炼丹术实验室）来说是有害无益之物，因为它会导致失火甚至爆炸。但是军事家却很快发现它有大用途。

黑火药有可能在唐末已被用于军事用途，但真正重要的证据出现在宋代。北宋天圣元年（公元1023年），朝廷在开封设置“火药作”，这是“火药”之名首次出现于中国史籍。庆历四年（公元1044年），曾公亮、丁度等编纂《武经总要》，堪称中国第一部古典军事百科全书，该书前集卷十二《守城·火药法》中，完整记录了三种黑火药配方。以其中“火球火药方”为例，配方中硝、硫、炭的比例依次是

50.6%、26.6%、22.8%，还有少量其他配料。这三个配方的刊载，标志着黑火药的发明研制阶段已经基本结束，它已经正式进入北宋军队装备系列，而且开始标准化了。

对于中国人的黑火药发明权，并不是没有争夺者。

“希腊火”（Greek fire）。据记载在公元前 5 世纪已用于战争，公元 11—13 世纪十字军东征，阿拉伯军队和十字军双方都曾用“希腊火”进行火攻作战。但这只是一种燃烧剂，其配方中没有硝石成分，这意味着它不能满足“自供氧燃烧”，因而不可能是火药。

“海之火”（sea fire）。公元 7 世纪出现，是一种用于海战的、以虹吸管喷射的燃烧剂或烟火剂。拜占庭帝国在君士坦丁堡保卫战中，多次用“海之火”焚毁敌人战船，故视之为天赐神物，对其配方严格保密。至 18 世纪，“海之火”的配方被考证出来，其中有硫磺，但是也没有硝石成分，所以也不可能是火药。

印度。有些以讹传讹的西方记载说，印度人在抵抗亚历山大大帝东征时曾使用火器，但事实上印度军队直到公元 13 世纪仍未装备火器。最早在印度境内出现的“火箭”是蒙古军队遗留下来的。

罗杰尔·培根。在一些西方著作中，13 世纪的著名学者培根（Roger Bacon）居然也荣膺了黑火药的发明权。据说他留下了一个以隐语写成的黑火药配方——有人将这句隐语实施了重新排列、增补字母等“手术”之后，变成了“硝石 7

份，炭5份，硫磺5份”的所谓黑火药配方。许多学者认为这样的“考证”只是文字游戏而已。况且即使培根发明了黑火药，那也在《武经总要》的黑火药配方之后两百年了。

总的来看，将黑火药的发明权归于中国人，是证据最充足的。

公元8—9世纪，伴随着医药和炼丹术知识，硝也由中国传到阿拉伯，当时被称为“中国雪”，而波斯人称之为“中国盐”。那时他们还只知道将硝石用在治病、金属冶炼和制作玻璃制品的工艺中。

公元13世纪上半叶，蒙古军队西征，在和阿拉伯和欧洲军队的作战中，使用了中国制造的火球、火药箭等火器。1260年元军在与叙利亚作战中被击溃，阿拉伯人缴获了火箭、毒火罐、火炮、震天雷等火药武器，由此掌握了火药武器的制造和使用。13—14世纪之交，阿拉伯人制成了作战用的木质管形射击火器。还有一种可能，认为关于火药的知识是13世纪由商人经印度传入阿拉伯世界的。而希腊人通过翻译阿拉伯人的书籍才知道火药。

火药武器传到阿拉伯世界之后，在阿拉伯人与欧洲国家的长期战争中，阿拉伯人使用了火药兵器，这终于使得欧洲人逐步掌握了制造火药和火药兵器的技术。

恩格斯对军事史有一定的研究，他曾高度评价中国在黑火药发明中的首创作用：“现在已经毫无疑义地证实了，火药是从中国经过印度传给阿拉伯人，又由阿拉伯人和火药武器一道经过西班牙传入欧洲。”这个说法基本是符合历史事实的。

有些论者对于在中国的“四大发明”中列入火药一项十分不满，试图从多方面否定中国发明黑火药的历史地位和作用。

其论证之法，主要就是从强调黑火药和黄火药的区别入手。

从诚实的角度来说，我们当然不应该将中国人发明的黑火药和今天通用的黄火药故意混为一谈，更不应该有意无意地引导人们得出“中国人发明了今天的炸药”的误解。

但是，只要稍有历史意识，就应该注意到黄火药发明和进入军事应用的时间——它起源于1771年发明的苦味酸，最初被作为黄色染料使用，直到1885年才进入军事用途。黄火药的广泛使用是在19世纪后期。那么再来看“火药把骑士阶层炸得粉碎”的论断，难道欧洲的骑士阶层直到19世纪后期还没有被“炸得粉碎”吗？如果他们在此之前已经被“炸得粉碎”了，那么请问他们是被什么火药炸碎的呢？

毫无疑问，他们还是被中国人发明的黑火药炸碎的。

所以，如果我们认为火药“把骑士阶层炸得粉碎”而改变了历史，那么这一笔历史功绩，还是要记在发明了黑火药的中国人账上，而不能记在发明了黄火药的欧洲人账上。

# 中韩印刷术发明权争夺战回顾（上）

2001 年 6 月，联合国教科文组织终于认定，在韩国清州发现的《白云和尚抄录佛祖直指心体要节》（印刷于公元 1377 年）为世界最古老的金属活字印刷品。2005 年 9 月，由韩国政府资助，联合国教科文组织在清州为《白云和尚抄录佛祖直指心体要节》举行了大型纪念活动。

最近几年，关于韩国试图夺取中国“四大发明”之一印刷术发明权的争议，十分热闹。虽然从根本上说，中国人在雕版印刷术和活字印刷术上的发明权都是不可动摇的，但是近年韩国学界和官方不遗余力的宣传活动，确实也在世界上产生了相当的影响。这些活动激起了一些中国人士的愤怒，争论中（尤其是网上的争论）难免有意气用事甚至带有民族沙文主义色彩的言论。

与其义愤填膺地争论，何如心平气和地考察？让我们静下心来，看看这场争夺战的来龙去脉。

先看雕版印刷术。大唐咸通九年（公元 868 年），王玠印造了雕版印刷《金刚经》，该经卷末尾印有年份和印造人姓名，原件现藏伦敦不列颠图书馆。这很长时间一直被公认为中国人拥有雕版印刷发明优先权的实物证据，已经成为史学界的定论。这卷《金刚经》当然只是中国人至迟在868年已经使用雕版印刷术的证据，按照常识推论，中国人也完全有可能在此之前已经使用雕版印刷术。

**刻印于唐咸通九年的《金刚经》(局部)**

风波起于1966年，在韩国庆州佛国寺舍利塔内，发现了一件雕版印刷品《陀罗尼经咒》，原件上没有年份。但是其中几个特殊的汉字是武则天在位期间（公元680—704年）创制使用的。此件的印刷年份可以这样推测：不早于704年（这年该经才译成汉语），不晚于751年（这年藏有该经卷的舍利塔完工）。韩国学者抓住这一点大做文章，他们宣称：

既然《陀罗尼经咒》印刷于704—751年间，那它就比王玠印造的雕版印刷《金刚经》早了百余年，于是得出这卷《陀罗尼经咒》是世界上最早的印刷品，以及“韩国发明印刷术”的结论。

但问题在于，这卷《陀罗尼经咒》究竟是在哪里印刷的？它使用了武则天在位期间的特殊汉字，而且“严格符合中国印刷的模式和方法”，它很可能是庆州佛国寺建成时从中国带来的贺礼——众所周知，唐朝的佛经、书籍等，经常是朝鲜半岛上层社会热衷于搜寻和购买的珍品。事实上，许多中外学者都认为，这卷《陀罗尼经咒》就是在中国印造的。富路德（L.C.Goodrich）在1967年的论文中就断言：“每件事都指出，印刷术是在中国发明的，并由中国传播到国外。”李约瑟的《中国科学技术史》第五卷第一分册《纸和印刷》（该分册由钱存训著，1985年）也郑重采纳了这一结论。

回想1966年的中国，正处在“文革”中，人们无暇顾及遥远的朝鲜半岛东南部一个佛寺舍利塔中发现的小小经卷，更没有注意到韩国人借此开始打造“韩国发明印刷术”现代神话的努力。等到改革开放多年之后，中国学者睁眼看世界，才发现韩国人持续不懈打造多年的神话，居然已经在西方和日本广泛流传了！

再看活字印刷术。争议的情况更为复杂。

北宋沈括的著名笔记《梦溪笔谈》卷十八“技艺”中，

有一段早已被中外著作反复引用了无数次的记载，其要点如下：北宋庆历年间（公元1041—1048年），布衣毕昇发明了活字印刷术。他用泥做成活字字模，然后用火烧结使之坚硬。用“松脂蜡和纸灰之类”加热熔化冷却后作为固定黏合材料（可反复使用）。这是世界上关于活字印刷术的最早记载，这一点为国际学术界所公认，韩国学者也无异议。

尽管沈括的《梦溪笔谈》中也记述了许多在今天看来难以置信的“怪、力、乱、神”事物（这一点以往几乎所有论及《梦溪笔谈》的著作都避而不谈），但从他对毕昇活字印刷术记载的大量细节来看，这段记载应该是非常可信的。

20世纪80年代末，中国科技大学科学史研究室，在中国科学院上海硅酸盐研究所等单位的协助下，曾进行了泥活字印刷术的模拟实验，证明《梦溪笔谈》中记载的毕昇泥活字印刷术是完全可以实际操作使用的，而不是如某些韩国学者所宣称的，沈括记载的毕昇泥活字印刷术“只是一个想法”。

从中国人用了好几百年的雕版印刷，发展到活字印刷，其间并无不可跨越的鸿沟。但是“活字印刷”即使仅仅作为一个想法，也仍然不失为一个伟大的想法。在这个想法的指引下，继毕昇的泥活字之后，很自然地会出现木活字、金属（主要是铜，也有过其他金属）活字的尝试。

从《梦溪笔谈》对毕昇泥活字印刷术的记载中推测，在毕昇之前已经有人尝试过木活字的印刷，但因木活字的种种缺点而放弃了。三百年后木活字的想法才重新复活，元代

王祯于1297—1298年间创制了第一套木活字，并用它印制过《旌德县志》(他担任过六年旌德县的县尹)。木活字最大规模的应用是在清代，1773年，乾隆下令刻了一套木活字，共253 500个字（许多常用字要刻多个复本——这一点毕昇就知道了），并用它印刷了《武英殿聚珍版丛书》134种共2 300余卷。

木活字的缺点是对木料的要求极高（否则受热、受潮、受挤压都可能变形），而且印刷多次之后木字就会磨损。泥活字固然没有这些缺点，但金属活字岂不更好？15世纪后期，铜活字在中国江南开始流行。然而，对比各种情况来看，铜活字在中国的境遇并不太好。

华燧（公元1439—1513年）是尝试铜活字印刷术商业化的最重要人物之一。按照钱存训的看法，他是那些发了财之后想要用刻书来博取声誉的富人中的一员，“他狂热地沉湎于书本”，但二十年间，他家族办的“出版公司”——“会通馆”——用铜活字印制的书，也只是“至少有15种，共约1 000卷以上”而已。

到了清朝，朝廷倒是造了25万枚铜活字，并在1728年用这些铜活字印刷了巨型类书《古今图书集成》，然而这套铜活字却在十六年后被熔化用来铸造钱币了！

# 中韩印刷术发明权争夺战回顾（下）

与在中国的境遇相比，铜活字在朝鲜半岛却是大受青睐。

按照韩国文献记载，1234 年晋阳公崔怡（公元 1195—1247 年）在江华岛用铜活字印成《古今详定礼文》。在 1395 年和 1397 年，朝鲜至少还用木活字印刷过明朝的律令和李朝太祖李成桂的传记。

朝鲜大规模铸造活字始于李朝，太宗十一年（公元 1403 年）命置铸字所，按宋刊本字体铸 10 万字，称“癸未字”。世宗二年（公元 1420 年）铸“庚子字”；十六年（公元 1434 年）铸“甲寅字”；十八年（公元 1436 年）又铸“丙辰字”。此外又创制了铁活字，印成《西坡集》、《鲁陵志》、《醇庵集》等书。朝鲜此后很长时间都侧重金属活字印刷，铸有大量活字，据一些学者考证，朝鲜铸造铜、铁、铅等金属活字先后达 34 次（另一说认为多达 40 余次），其中 33 次为政府所铸。这些金属活字绝大部分因兵燹灾害等而被毁弃，或被熔铸为新活字。如今韩国学者所引据的最重要证据，是公元1377年用金属活字印刷的《白云和尚抄录佛祖直指心体要节》。

从上述文献记载和实物证据来看，在使用金属活字的印刷活动中，朝鲜确实有可能比中国更早。联合国教科文组织2001年将《白云和尚抄录佛祖直指心体要节》认定为世界上最早的金属活字印刷品，在当时也有事实根据。

但是，即便如此，韩国也不可能将活字印刷术的发明权从中国夺走。因为《白云和尚抄录佛祖直指心体要节》的印刷，毕竟晚于毕昇发明活字印刷术三百余年。就算朝鲜首先使用了金属活字，那也只是在毕昇活字印刷术的基础上所做的技术性改进或发展，这和“发明活字印刷术”不可同日而语。

其实对于这一点，李朝的朝鲜学者自己是很清楚的，他们都承认中国人在活字印刷术上的发明权。例如，1485年朝鲜活字版《白氏文集》前有金宗直序，其中说：“活字法由沈括首创，至杨惟中始臻完善。”虽然将发明者毕昇误为沈括（显然是因为记述此事的沈括名头远大于布衣毕昇之故），但明确确认活字印刷术来自中国。又如，朝鲜学者徐有榘（公元1764—1845年）在《怡云志》卷七《活版缘起》中说：“沈括《梦溪笔谈》记胶泥刻字法，斯乃活版之权与也……或用铜造，我东尤尚之。”也明确确认活字印刷术来自中国，而朝鲜后来特别喜欢铜活字。

奇怪的是，这些朝鲜学术前辈明明都承认活字印刷术来自中国，他们的后辈——当代的韩国学者——却视而不见，继续倾力打造“韩国发明印刷术”的现代神话。

综上所述，中国人在雕版印刷术和活字印刷术上的发明权都是不可动摇的，韩国充其量只能夺得“铜活字印刷术”的发明权——实际上也可能再次失落，因为关于在中国境内新发现更早的活字印刷品的报道，近年络绎不绝。只不过这种竞赛如果持续下去，搞得联合国教科文组织每隔几年就重新“认定”一次，也未免迹近儿戏了。

但是接下来，有一个问题一直没有得到重视，那就是：在毕昇发明活字印刷术之后将近一千年间，中国的绝大部分书籍仍然是雕版印刷的！

这个事实是毫无疑问的，我们需要的是解释造成这一事实的原因。

先从客观效果来看，可以肯定的是，活字印刷在古代中国未能成功地商业化。

毕昇并没有因为发明活字印刷术而发财，至少沈括没有这样记载。可以推测的是，毕昇此举多半和林语堂研制中文打字机类似——花费了不少钱，但没有获得商业成功。

明代江苏无锡的华燧，是尝试铜活字印刷术商业化的最重要人物之一，效果如何呢？华燧致力于用铜活字印书，结果是家道“少落”——家族资产缩水，尽管华燧“漠如也”，漠然置之。毫无疑问，铜活字印刷业务没有给他带来商业利润。而与此同时，继续使用中国传统雕版印刷术——其成本

远较今人想象得低廉——的书商们，赚钱发财的大有人在。

其他著名的活字印刷“工程”，几乎都没有商业背景。《武英殿聚珍版丛书》和《古今图书集成》都是皇家行动，根本不必考虑经济效益。王祯任县尹时用木活字印刷《旌德县志》，也就是“县委书记”关心“地方志办公室”工作而已，就和今天的地方志出版一样，是政府行为，也不必考虑经济效益。朝鲜李朝大规模使用铜活字印书，几乎都是皇家的政府行为，同样不必考虑经济效益。

那么活字印刷术为什么在古代难以商业化呢？

相比之下，古登堡1439年发明活字印刷术，很快就进入实用商业化阶段。最根本的原因，就是汉字与拼音化的西文之间的差异。一套西文活字，包括大小写和数字及常用符号，不会超过100个，但是古代常用的汉字需要数万个。如果考虑到常用字的复本，制造一套实用的汉字活字，通常需要20万枚左右，甚至更多。例如印刷《武英殿聚珍版丛书》的那套木活字是253 500枚。由于活字印刷系统需要巨大的前期投资，必然使得一般商人望而却步，所以往往只能由皇家出面来实施。

更大的困难来自排版。在西文活字印刷中，面对不到100个符号，一个排版工人不需要太多的文化就可胜任。但是面对数万个不同汉字（它们通常被按照韵部来排列），一个排版工人就必须有一定文化才行——至少他必须认识这几万个汉字。只要回忆一下20世纪90年代以前的中文打字机，情况就很清楚了：那时常用汉字已经因为白话文和简体字而减少到只有数千字了，但打字员（通常由女性担任）仍然要面对一个巨大的字盘。和使用西文打字机的西文打字员相比，中文打字员为了能够在字盘中迅速找到需要的汉字，需要远远超过西方同行的训练时间和专业素质。

事实上，汉字最终摆脱了（和西文相比）在活字印刷上的根本劣势，只有十几年的历史——是电脑写作和电脑排版根本改变了这一局面。展望未来，汉字的辉煌时代还在后面。至于费力多年打造起来的“韩国发明印刷术”现代神话，最终必将成为见证中华文化传播世界的小插曲——他们所引为证据的文献，不都是汉文汉字的吗？

# 兵凶战危

# 钓鱼城：战争史诗中的技术

数年前，我就在报纸上写过文章，感叹中国那么多大制片人、大导演，那么多年来，怎么就始终没人想到拍伟大的战争史诗大片《钓鱼城之战》？因为那是一场持续数十年、令人热血沸腾、真正惊天地泣鬼神的战役！当年它即使没有改变历史，至少也是延迟了历史。事实上，它曾经震惊了几乎整个欧亚大陆。

但是说来惭愧，我从来没有去过钓鱼城。

直到2007年6月，我应邀到西南大学参加博士生答辩，工作完毕后有半天空闲时间，东道主之一张诗亚教授问我想去哪里看看，我不假思索就说想去钓鱼城。在开车陪我去钓鱼城的路上，张教授对我开玩笑说，此行“将挽救你的诚信”——因为我曾在几年前的文章中说自己“已经记不清有多少次，梦魂直到故垒西边，凭吊苍凉的古战场”，而实际上从未到过此地。我则辩解说，我文章中只是说自己“梦魂”到此，不算说谎啊。

我先前对钓鱼城之战的历史知识，完全来自书本。

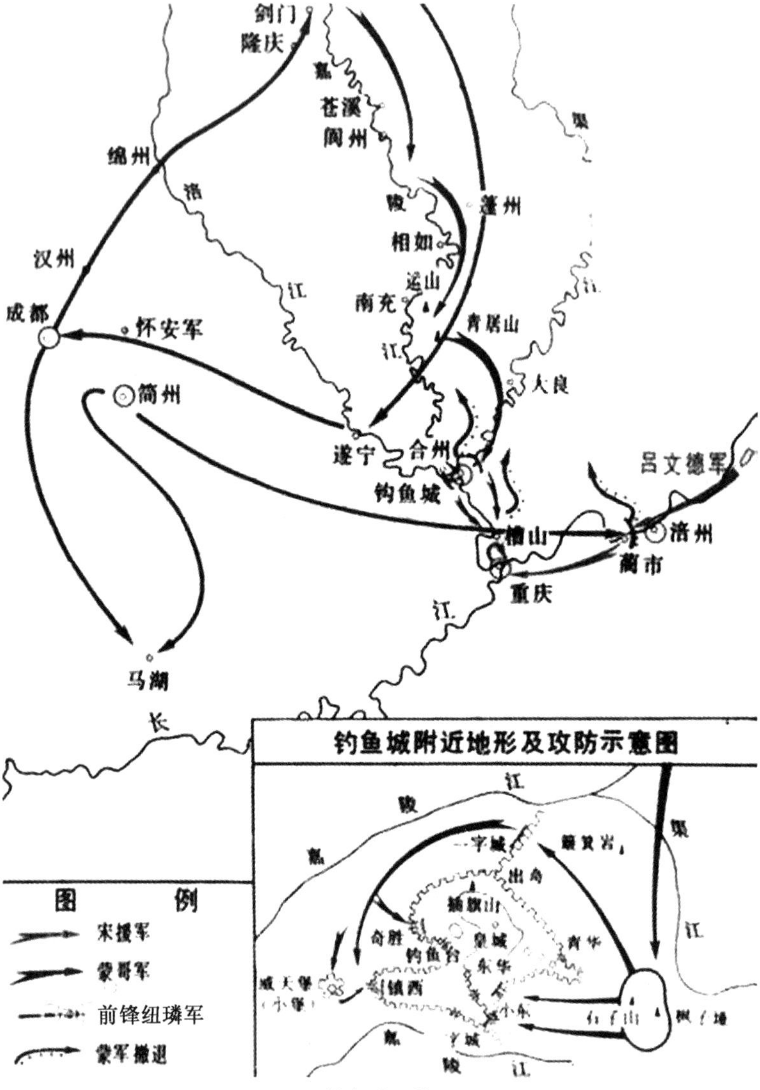
剑门
隆庆
苍溪
阆州
渠
绵州
涪
蓬州
相如
汉州
运山
南充
江
成都
怀安军
青居山
大良
简州
遂宁
合州
吕文德军
钓鱼城
涪州
蔺市
重庆
马湖
长
钓鱼城附近地形及攻防示意图
图例
宋援军
蒙哥军
前锋纽璘军
蒙军撤退
一字城
插旗山
皇城
钓鱼台
镇西

钓鱼城之战

1242年，南宋王朝在蒙古铁骑的兵锋扫荡下，连战皆北，城池接连陷落，半壁江山已经支离破碎。在此危难之秋，余玠受命出任四川安抚制置使，负责四川地区的抗战事宜。他听从了冉琎、冉璞兄弟的建议，决定在钓鱼山上筑城，作为合州的州治。次年共筑山城十余处，作为各州郡的治所，其中最重要者即为钓鱼城。

此后直到1279年，三十六年间，对于蒙古大军来说，钓鱼城就是他们的眼中钉肉中刺，是他们战无不胜神话的终结者，更是他们的噩梦之城，伤心之地！三十六年间，在蒙古铁骑无数次的疯狂进攻面前，钓鱼城“婴城固守，百战弥坚”。在1259年钓鱼城英雄史诗的高潮中，大汗蒙哥统帅的蒙古大军横扫四川，周围郡县相继陷落或投降，只有孤独的钓鱼城，沧海横流中尽显英雄本色，始终无法攻陷。六月，蒙军总帅汪德臣被城中火炮击毙，七月，蒙哥大汗本人被城中火炮击伤，回营伤重不治而死。蒙哥之死导致蒙古大军全线北撤，南宋小朝廷又得以多延续了二十年。在蒙古铁蹄蹂躏下呻吟的中亚各族，闻之额手称庆，留下一句名言：“上帝的鞭子折断了！”

小小钓鱼城，为何可以创造出如此的战争奇迹，除了城中军民万众一心忠勇爱国的精神因素，技术上的因素也是极端重要的。钓鱼城之所以竟能坚守数十年不被攻克，想来必有其“可持续坚守”之道。

钓鱼山位于嘉陵江转弯形成的河套中，此处又是嘉陵江

与渠江、涪江三江汇合之处，钓鱼城因山势以筑城，周回十余里，总面积有三百八十多万平方米。作为一个军事要塞来说，应该算相当大的了。今日钓鱼城中，林木萧森，给人的感觉像进了森林公园，只有看到宋代留下的城墙时，才意识到是在一座城中。所以城中可以种植庄稼，而且还有天然水源（类似山泉，至今仍在），相传当年守城军民曾给蒙古军队送去了鱼——表示城中资源富足，无论你们围攻多久都不怕。

但是，要坚守三十六年，仅有粮食和水当然是不够的。兵员、器械、军用物资等，都需要补充。在蒙古大军的围困中，钓鱼城如何获得补充呢？

当我亲身站在这座山城中时，才体会到当年冉氏兄弟修筑钓鱼城的远见和智慧。

钓鱼城除了依险峻山势建筑的城墙，在城北和城南还各有一个水军码头。码头当然在城墙外面，然而奇妙的是，在两个码头处，各有一道城墙从山上一直延伸到江中——几乎到达江心。这两道被称为“一字城”的城墙，不仅保护了南北水军码头，而且封断了整个嘉陵江河套地区。换句话说，它们使得嘉陵江成为钓鱼城北、西、南三面的天然护城河。而且宋军可以依托一字城作战，直接控制嘉陵江水上通道。

现在推测起来，在钓鱼城三十六年的攻防战中，除了山城的地利、军民忠勇爱国的人和之外，宋军应该还有两个方面是占有某种技术优势的。

一是水军。一字城和水军码头表明，钓鱼城当时拥有一支轻型内河舰队。它至少可以在这三十六年中间的很多时间里保持着嘉陵江水上通道的畅通，使钓鱼城得到战争物资的补充，同时也可以协助守城。而在宽阔的嘉陵江上，蒙古铁骑显然没有优势。

二是火炮。在 1259 年的攻城高潮中，蒙军总帅汪德臣被城中火炮击毙，蒙哥大汗本人被城中火炮击伤而死，表明蒙古军队当时在火炮方面也没有优势。

水军和一字城，使得钓鱼城在北、西、南三面都相当安全，基本上只要面对东面从陆上来的攻城压力。而钓鱼城中居高临下的火炮，又使得蒙古军队从东面的仰攻极为困难。蒙哥大汗就是为了更好地视察前线军情，在登上钓鱼城新东门外一座叫做“脑顶坪”的小山丘时，被城中火炮击中的。

在欧洲文艺复兴时期，许多著名的建筑工程师想尽办法要修筑“永不陷落”的要塞城池，他们要是知道，遥远东方的冉氏兄弟，早在 1243 年就修筑了永垂不朽的钓鱼城，一定会爽然自失，自愧弗如的吧？

为了故事的完整，当然还要交代钓鱼城三十六年英雄史诗的结局。

钓鱼城最终的弃守，是一次体面的和平。1279 年，蒙哥的继任者元世祖忽必烈几乎已经攻占中国全境，但钓鱼城仍在宋朝军民坚守之下。这时南宋已经无力回天，谁都看得出再打下去已经没有任何意义。守将王立遂主动向元军谈判

投降，元军也没有执行二十年前蒙哥临终留下的要对钓鱼城“屠城剖赤”的遗嘱。

就在钓鱼城和平终战后一个月，陆秀夫背负着南宋最后一个皇帝（一个幼儿），在厓山蹈海而死，大宋王朝就此画上句号。

# 杀人武器背后的人道底线

去年有一位青年军官石海明，考入我们科学史系来念博士生，意外引发了我对武器历史——这当然也属于科学技术史的范畴——新一轮的兴趣。课业之余，时相讨论，在他固然是对自身职业的深入思考，在我则近于古时文人谈兵之思想游戏。但即便如此，还是不免又读了一些武器史方面的书籍。这次发现了一个以前未曾注意的现象，即关于武器的历史叙述，也可以有“三重境界”：

最低的境界，是“只有武器没有人”的境界，只是介绍各种兵器的演变和概况（有些国内“原创”的书就是如此）。第二重境界，是在叙述武器时有了战史，例如在某个著名的战例中，某种兵器发挥了特殊作用，从此登上某某时代的军事舞台之类。这第一、第二重境界都不难达到。比较难能可贵的，是第三重境界，即能够从武器的发展演变后面看到文化，从而引发人们思考的。

这样表达“第三重境界”，当然太抽象了，我们需要具体事例。

## “不适合在人类身上使用”的马克沁机枪

我首先想到的事例是马克沁机枪。1884 年，美国的马克沁（Maxim）兄弟发明了一种新型机枪，首次利用射击时的火药气体能量来完成抛射弹壳、下一发装弹和射击等一系列机械动作，可以连续快速射击，射速可达每分钟 600 发。武器史专家认为，马克沁机枪的问世“标志着一个时代的结束”，因为此前的一系列步兵战术都不再有用了。

马克沁兄弟是商人，他们发明了新的机枪，并在 1884 年获得了专利，况且马克沁机枪的造价又比先前的机枪低得多，他们当然就要极力推销，并指望它大卖了。但是非常奇怪，当他们向欧洲推销这种机枪时，却发现买家寥寥无几，“所有的欧洲主要军事力量都只是少量地购买以供实验使用”——原来是因为“欧洲客户根本就不想将对手像砍草一样砍倒”。不过当他们向欧洲列强的殖民地推销马克沁机枪时，就大受欢迎了。

到这里文化就跑出来了。我们在武器史书籍中见到的关于马克沁机枪的著名战例，往往都是欧洲列强如何用它来痛击“野蛮人”的。马克沁机枪使得列强对“野蛮人”的战斗不再是战斗，而是变成“屠杀和处决”。例如，1904 年英军入侵中国西藏时，用马克沁机枪扫射藏军，一名英军士兵由于对这种屠杀“感到恶心”而停止了射击，但英军指挥官命令他继续射击，只要“将这一切看成一场游戏”即可。

马克沁（Hiram Stevens Maxim）与其发明的新型机枪

这里的文化是什么呢？文化就在于使用杀人武器时的人道底线。在当时的欧洲列强那里，这样的人道底线看来是存在的，因为马克沁机枪这种武器被认为“根本就不适合在人类身上使用”。事实上，1884 年的马克沁机枪，就好比 1945 年投在广岛的原子弹，它是那个时代的“大规模杀伤武器”，所以“欧洲主要军事力量”都不愿积极购买它。

但是欧洲列强的这条人道底线，是只为欧洲白种人而划的，当他们在殖民地对“野蛮人”进行战争时，这样的底线就不存在了。所以他们就会积极购买、配备马克沁机枪，用它来对“野蛮人”进行残酷屠杀。在当时的许多西方殖民者眼中，土著“野蛮人”简直就不能算是人。

## 柯南·道尔和“无限制潜艇战”

要证明欧洲列强曾经有过上述人道底线，还可以看一个有趣的例证。

以写福尔摩斯探案小说著称的柯南·道尔，在第一次世界大战爆发前夕（公元 1914 年），曾发表了一部关于战争的幻想小说《危险》(*Danger*)，里面写到一个与英国为敌的假想国家，在无法战胜英国皇家海军的状况下，本来已经准备投降，但是潜艇舰队的指挥官建议对英国采取异乎寻常的战争方式——用潜艇攻击一切进出英伦三岛的和平商船，以此形成对英国的封锁，最终竟逼迫英国签订了城下之盟。小说中假想敌国潜艇舰队指挥官的这个建议，正是后来德国在世界大战中所采用的“无限制潜艇战”。

有趣的是，柯南·道尔的畅销小说并未引起英国皇家海军应有的警惕——这么说当然显得相当“事后诸葛亮”。当时的皇家舰队司令彭罗斯·菲茨杰拉尔德（Penrose Fitzgerald）根本不相信小说中的故事会变成现实，他曾表示：“我不认为任何文明国家会对没有武装并且毫无防御能力的商船进行攻击。”尽管不消几年，事实就证明他错了，但是菲茨杰拉尔德的看法恰恰证明，在他心目中，类似“不对白人使用马克沁机枪”的人道底线确实存在。

不过，随着世界大战的爆发，欧洲列强相互之间大打出手，上述人道底线很快就被突破了。“无限制潜艇战”真的被德国海军在第一、第二次世界大战中采用，大量盟国方面的和平商船被击沉；而用马克沁机枪来射杀欧洲白人也不再有什么心理障碍了。1916 年 7 月的索姆河战役中，德军在阵地正面部署了超过 400 挺的马克沁 MG08 机枪，疯狂扫射的弹雨，使得进攻的英军一天之内就伤亡了 6 万人。

## “我善为阵，我善为战，大罪也”

说到战争中杀死敌人时的人道底线，对比一下中国历史上的情形，也是令人深思的。

在儒家思想中，对于大规模杀人，基本上持否定态度。至少孟子说过：“有人曰，我善为阵，我善为战，大罪也。”（《孟子·尽心下》）孟子还说过：“争地以战，杀人盈野；争

城以战，杀人盈城……罪不容于死。”（《孟子·离娄上》）

不过到了战国时代，孟子所痛恨的“杀人盈野，杀人盈城”的局面，就经常上演了。特别是在践行法家学说的“虎狼之国”秦国，这种情形更为剧烈。公元前260年秦赵长平之战，秦将白起坑杀投降的赵军40余万人。这样的大屠杀，这样的杀降杀俘，在世界战争史上都是极其骇人听闻的。

关于长平之战的屠杀，主要史料来自《史记·白起王翦列传》：

> （赵）括军败，卒四十万人降武安君（即白起）。武安君……乃挟诈而尽坑杀之，遗其小者二百四十人归赵。前后斩首虏四十五万人。赵人大震。

有人还根据上述白起的传记，统计他指挥的各个战役中，总共杀人达150万！秦国之所以能够“培养”出这样的杀人魔鬼，是因为秦国的军功是“量化考核”的——根据敌军的首级来计量。奇怪的是，许多现代人撰写的白起传记，仍然对他的战功欣赏有加，对他送上“名将”、“军事家”之类的头衔时也毫不吝啬。倒还是在司马迁写的传记中，对白起做了隐晦的谴责：白起后来不得善终，被秦王赐死，死前他有点想不通，自己功高天下，想不到竟会落得如此下场，后来想通了，自己在长平坑杀赵军实在伤天害理，“我固当死”。

也许有人会说，长平之战坑杀赵军40万人的数字，是夸大了的。但是是谁夸大的呢？从利益的角度来推测，只能是秦人。那么这种夸大背后的心态是什么呢？背后的价值标准是什么呢？可以肯定的是，这价值标准绝不是孟子的“我善为阵，我善为战，大罪也”。想想看，那颗投放在广岛的原子弹只直接杀死了 8 万人；而“卡廷惨案”中苏联处决了投降的波兰军官，人数众说纷纭，从 12 000 人到 22 000 人不等，苏联总是愿意采取小的数值，而且还曾长期将此事栽赃到德国人身上，谁会以这样的恶行为荣，以至于愿意夸大这种罪恶的数字呢？

# 为何全球航空母舰只剩了十分之一

——航空母舰往事（一）

在那个结束世界大战的秋天，全球海洋上航行着约150艘航空母舰，其中美国有97艘，另外还有几十艘正在建造中。那真是一个航空母舰的黄金时代。

最近中国的航空母舰“瓦良格号”——按理将来应该重新命名中国名字——试航，关于中国建造航空母舰的话题再掀高潮，更令国内许多军事爱好者热血沸腾，书生谈兵之瘾空前勃发。老朽也来凑趣，谈一点航空母舰的往事。

## 1945年的秋天

让我们先从对比数据开始（不必非常精确，因为统计口径多有出入）。

据说现在全世界共有9个国家，总共拥有22艘航空母舰，其中12艘属于美国。

军事评论家认为，中国至少应该建造3艘航空母舰，才能保证在任何时候都有至少一艘航空母舰可以执行战斗任务。而要是中国建造了3艘航空母舰，据说就可在世界“航空母舰俱乐部”中排名第二。

可是，在距今七十年前，即1941年12月初，日军奇袭珍珠港前夕，在太平洋上的日本海军已经拥有10艘可用于作战的航空母舰！而当时盟国方面在太平洋上的航空母舰，仅有美军的3艘和英军的1艘。

1942年6月的中途岛之战，日本海军几乎投入倾国之兵，“联合舰队”共计185艘战舰和525架飞机，包括8艘航空母舰。美军兵力只有日军的大约三分之一，但是美军出人意料以弱胜强。这一战日本海空军元气大伤，两天内失去4艘重型航空母舰（“苍龙号”、“加贺号”、“赤城号”、“飞龙号”）。在太平洋上不可一世的日本“联合舰队”从此由盛转衰。

太平洋战争爆发至二战结束期间，美军共击沉日本19艘各种类型的航空母舰（包括轻型航空母舰）；美军损失了11艘航空母舰，其中10艘被日军击沉，1艘被德军击沉；英国海军损失8艘航空母舰，其中7艘被德军击沉，另一艘因事故起火爆炸沉没。纳粹德国和法西斯意大利没有航空母舰建造完工。

航空母舰是一个国家工业技术能力的集中体现，是以强大的综合国力来支撑的，所以美国的战争潜力一旦爆发出来，其结果真是难以想象：到1945年秋，太平洋上对日作战的美国海军各种类型航空母舰竟达67艘（几乎用航空母舰包围了日本列岛）。当日本代表在美国海军“密苏里

号”战列舰上签署投降文件时，战舰上空编队飞行着 1 000 架——我肯定没有搞错 0 的个数——炫耀武力的美军战机。神话般的海空力量，压倒性的数量优势，当然会对日军产生巨大的心理震慑。

在那个结束世界大战的秋天，全球海洋上航行着约 150 艘航空母舰，其中美国有 97 艘，另外还有几十艘正在建造中。那真是一个航空母舰的黄金时代。

## “航空母舰……将进入荒废阶段”

为什么今天全球的航空母舰数量，已经锐减到了 1945 年时的约十分之一了呢？

恰恰是在航空母舰黄金时代的 1945 年秋天，美国空军战斗英雄杜立特（J.H. Doolittle) 中将对美国国会说：“航空母舰的作用已经发挥到极致，它将进入荒废阶段。”

当然，战争结束了，和平到来了，但这并不能完全解释航空母舰为何真的很快“进入荒废阶段”。另一个重要原因是原子弹。

在广岛、长崎投下的原子弹让世人见证了原子弹的巨大威力。当时人们认为，一颗原子弹足以摧毁整个航空母舰编队（每艘航空母舰都需要若干其他各类战舰与之配合作战）。一架携带原子弹的飞机的攻击能力，相当于 20 000 架舰载飞机，或 2 000 架 B-29 轰炸机（当时美军的重型轰炸机）。况且用导弹携带原子弹实施攻击的前景已经出现——当时美国、英国和苏联都用缴获的德军 V-1、V-2 导弹进行了多次试验（美国就试验了 68 次）。所以 1945 年的秋天，既是航空母舰黄金时代的巅峰，同时却也是它“最黑暗的时刻”。

在此后几年，美国军方和国会围绕着航空母舰前景与原子弹的争论非常热烈，其间“美国号”（United States）航空母舰的报废又给这种争论火上浇油。关于航空母舰前景的悲观论调，伴随着战争结束带来的形势改变，导致美国海军舰队急剧裁减。短短两年时间内，战舰总数从约 1 500 艘缩减到 270 艘。17 艘航空母舰报废，许多在建造中的航空母舰下马，还有大批航空母舰被封存起来，停泊在船坞中以待不时之需。

认为核武器的出现会导致航空母舰失去作用的观点，看来在苏联也有着长期影响。相传赫鲁晓夫曾有名言，认为在核武器时代，航空母舰已是“海上的浮动棺材”。在海洋上有着极为重大的国际性战略利害关系的苏联——俄罗斯，虽

航空母舰“瓦良格号”改造后的“辽宁号”

然前前后后也开工建造过多艘航空母舰，但大多难逃报废、拆除、转卖的命运，至今只有一艘尚在服役——“库兹涅佐夫海军上将号”，它正是当年与“瓦良格号”一同设计建造的姊妹舰。

## 美国人用原子弹炸毁了自己的航空母舰

航空母舰最早正式登场是 1917 年，航空母舰第一次被击沉发生于 1939 年，这两项纪录都属于英国海军——开创击沉航空母舰纪录的则是德国潜艇。但是原子弹真的能够摧毁航空母舰编队吗？美国人竟决定真枪实弹来检验这种看法。

被选作试验的牺牲品，包括两艘在太平洋战争中久经战阵的航空母舰“萨拉托加号”（Salatoga，服役十八年）和“独立号”（Independence，服役两年半），以及另外数十艘舰艇。试验的目的，是要搞清楚下面这些问题：空中核爆炸和水下核爆炸分别会对舰艇产生怎样的打击效果？核辐射会在多大程度上危害舰上人员？一颗原子弹是否真的能够摧毁一个航空母舰编队？

这项奢侈的试验于 1946 年 7 月 1 日在马绍尔群岛的比基尼岛环礁实施。共计划投放三颗原子弹，一颗在空中爆炸，一颗在浅水爆炸，一颗在深水爆炸。使用的原子弹就是在广岛投放的那种钚弹。

第一颗 20 000 吨当量的原子弹在 8 000 米高的空中爆炸，航空母舰“独立号”与爆炸点垂直下方的距离为 800

米，爆炸摧毁了“独立号”的甲板、桅杆和烟囱，燃起的熊熊烈火烧了一天一夜，将“独立号”内部完全烧毁。但距离爆炸点垂直下方 6 500 米处的“萨拉托加号”航空母舰仅受到表面损伤。第二颗原子弹在水下 27 米处爆炸，距离“萨拉托加号”150 米。“萨拉托加号”甲板上的飞机和设备瞬间被一扫而空，航空母舰立即严重倾斜，7 小时后完全沉没水中。和它一同沉没的还有一艘缴获的日军战列舰“长门号”、一艘美军战列舰和三舰已经潜入水下的潜艇。

由于这两颗原子弹的爆炸已经获得了丰富数据，原定的第三次深水爆炸被取消。这也和美国人当时对原子弹的“吝啬”有关——他们当时仅能组装出 7 颗这样的原子弹，当然能节约一颗是一颗了。

指挥此次实验的布兰迪（W.H. P. Blandy）中将在总结讲话中表示：“有人认为，在未来的冲突中，精确制导的导弹会飞越海洋和大陆，在城市上空引爆核弹头，因此将不再需要海军。这样的武器的确可能成为现实，但是……海战仍将继续。”

布兰迪的讲话，在今天看来还真有点“高瞻远瞩”。虽然在一次有效的核攻击面前，航空母舰确实会成为“海上的浮动棺材”，但问题就在于，世人毕竟很少敢跨越“核战争”的门槛——迄今为止只有美国跨越过一次。而在常规战争中，航空母舰的作用仍然是显而易见的。这就是美国为何至今还保持着十几艘现役航空母舰的原因。

而七十年前的历史已经证明，如果战争需要，美国很快就可以出动更多的航空母舰。

# 萨哈罗夫和福明海军少将的故事

## ——关于“伦理能不能管科学”的思考之一

苏联物理学家萨哈罗夫（A.D. Sakharov），被称为苏联的“氢弹之父”，他后来成为苏联最有影响、最大牌的持不同政见者之一。1975 年他获诺贝尔和平奖，但苏联当局不准他前往奥斯陆领奖。他一度过着类似软禁的生活，戈尔巴乔夫上台后他才回到莫斯科，1989 年 12 月逝世。在西方世界，萨哈罗夫最受人关注的不是他在苏联核武器研究中的贡献，而是他的政治态度。1975 年诺贝尔委员会评价萨哈罗夫是“人类的良心”；而美国总统布什在萨哈罗夫诞辰 80 周年纪念会上称赞他“不论在俄国还是整个世界，他的一生都是追求自由与和平的人们希望与精神的灯塔”。

这就是萨哈罗夫在西方公众中普遍留下的形象。

著名科学哲学家卡尔·波普尔（Karl Popper），原先也是认同萨哈罗夫上述形象的。1975 年萨哈罗夫获得诺贝尔和平奖时，波普尔也曾对他推崇备至，1981 年时波普尔还说萨哈罗夫是“伟大的思想家，伟大的人道主义者，伟大的英雄”。

但是后来他对萨哈罗夫的评价却有了极大改变，他甚至认为萨哈罗夫“这个人早期是一个战犯”。

导致波普尔对萨哈罗夫的评价急转直下的，是萨哈罗夫在回忆录中“展现了罕见的勇气”所披露的一些往事，其中令波普尔印象最深刻的是下面这个故事：

萨哈罗夫40岁那年，他想出了一个所谓的“鱼雷计划”，关于这个计划他在回忆录中也有详细描述，省略了那些技术细节之后，简单来说是这样：

> 我在想，可不可能发展一种巨大的鱼雷？这种鱼雷可以从潜水艇上发射，……对准几百里外的敌方港口……只要它们能抵达目的地，相当于10亿吨的炸药就会在水底和空中同时引爆，造成敌方的重大伤亡。

这就是后来带有核弹头的潜射导弹。当时这个想法让萨哈罗夫十分兴奋，就兴冲冲跑去找有关的海军将领商讨“可行性”了，结果却令他颇为意外：

> 在鱼雷计划初期阶段，我去跟海军少将福明（Fomin）研究计划的可行性。他被这种大规模的屠杀计划吓了一跳，甚至有些反感。他说，如果真的开战，他们海军官兵只习惯跟敌方的武装部队战斗。我觉得丢脸得要命，从此不再跟旁人讨论这个计划。

福明对萨哈罗夫的答复是很值得仔细玩味的——“海军官兵只习惯跟敌方的武装部队战斗”，这是一个矜持的、同时又对萨哈罗夫怀着深刻鄙视的回答。萨哈罗夫的计划意在对敌方港口城市进行毁灭性的突然袭击，这当然意味着对非武装居民的大规模屠杀，而这一点是作为职业军人的福明海军少将所不“习惯”的。

从表面上来看，这个故事展现了苏联海军少将福明的军人道德操守。

然而，按照我们以前所习惯的某种观念体系，在上面的故事中，角色“按理”似乎应该颠倒过来才对——海军少将福明作为职业军人，“鹰犬之才，爪牙可寄”，他应该对大规模杀伤武器及其投放技术更感兴趣；而萨哈罗夫作为一个科学家，一个后来诺贝尔和平奖的获得者，应该更关心人类的和平幸福，拒绝研发大规模杀伤武器及其投放技术才对。然而事实却是相反，而且这事实是萨哈罗夫自己陈述的！

波普尔对这个故事是这样解读的：他说萨哈罗夫“绝不是积极侵略者手中的消极工具”，恰恰相反，当时正好40岁的萨哈罗夫“对于铲除资本主义的信念深信不疑”，所以他积极主动地为这个目标出谋划策贡献心力。在萨哈罗夫的回忆录中记载得很清楚，他的“鱼雷计划”并没有任何人叫他设计，完全是他自动自发、“积极发挥主观能动性”的结果。波普尔就是在这一点上无法原谅萨哈罗夫。

虽然萨哈罗夫在自己的书中，为自己当年的行为辩护时，有这样一个说法："我只是个工人"——干技术活儿的，政治家要我杀人，我只好去帮他杀。但波普尔指出："所有的德国战犯都是这么为自己辩解的"。波普尔因此将40岁时的萨哈罗夫视为战犯。他还想出一个比喻说："如果一个40岁的人杀了人，几年以后，他说，抱歉，真希望当初没有杀人，他就不是杀人犯了吗？"波普尔强调萨哈罗夫那年40岁这一点，则是因为他认为萨哈罗夫此时已经是一个成年人，完全具有为自己的行为负责的义务和能力了。

不过，在上面的故事中我注意到一个细节：萨哈罗夫在听了福明海军少将的回答后，他"觉得丢脸得要命"。这个"丢脸得要命"的感觉，是仅仅因为自己的计划没有受到重视而产生的不快呢，还是可以理解为萨哈罗夫此时尚存的"一念之仁"呢？福明海军少将的回答，是不是在那一刻唤醒了萨哈罗夫内心深处的某种良知呢？

波普尔的上述观点，是在他晚年（公元1991年）接受采访时所言，而当时的采访者对古巴导弹危机等政治问题更感兴趣，所以波普尔也没有机会在这个问题上作更多的讨论。但这并不妨碍我们从上述故事出发作进一步的思考。

这里可以区分为两个问题。第一个问题是：科学家在为本国研发大规模杀人武器时，如何从道德上判断他们的善和恶？如果波普尔认为萨哈罗夫在上述故事中的行为是恶，是不可原谅的犯罪行为，那么在美国的"曼哈顿计划"中，科

学家为美国研发原子弹，是不是恶，是不是罪行呢？

在这个问题上，首先“大规模杀人武器”是一个界限。比如，德国的科学家为纳粹德国研发更先进的步枪，或许可以被视为一般性的职业行为而受到宽恕（这时就可以适用萨哈罗夫“我只是个工人”的辩解）；但他们为希特勒研发原子弹，就难以逃避“始作俑者”的谴责。当然，这仍然只是一个模糊的界限，但至少在两端是有明确不同的。

而美国的“曼哈顿计划”之所以被视为正义，是因为我们在纳粹德国和美、英所代表的“自由世界”之间，认定了前者为恶，后者为善。也就是说，恶人率先研发大规模杀人武器之后，善的一方被迫跟进，就不是恶。同理，当中国研发自己的“两弹一星”时，站在民族国家的立场上，我们当然认为威胁中国的美国是恶，而自己的祖国是善，所以中国研发自己的“两弹一星”也是正义的。

波普尔对萨哈罗夫的指责带来的第二个问题是：在上述故事中，萨哈罗夫和海军少将福明，他们两人中谁是恶，谁是善呢？根据我们对上一问题的讨论，显然萨哈罗夫是恶，而海军少将福明是善。原因是，萨哈罗夫提出“鱼雷计划”时，虽然美、苏处在冷战中，但他的祖国毕竟是在和平状态，无论如何比二战后期的纳粹德国更安全，而且他的上级也没有命令他研发新的核弹投放技术。在这样的情况下，萨哈罗夫主动想出恶招以求杀人更快，这让我立刻想到中国科学院路甬祥院长近年多次在公开场合强调的，“要用伦理道德规范和引导科学”。显然，福明海军少将心中比萨哈罗夫更具伦理道德的规范。

# 外星文明

# 费米佯谬：随口一言竟成纲领

——关于外星文明的争论之一

关于外星文明的猜想由来已久，随着人类对宇宙的了解日益深入，有些科学家开始将探索外星文明当作一件“正经事”来做了。这些科学家中，有在学术界作出了成就同时又在大众传媒中颇负盛名的，比如卡尔·萨根（Carl Sagan）。萨根曾估计银河系中“先进技术文明”的数量大约在100万个的量级；他还倾向于相信外星人曾经在古代来到过地球。特别是，萨根认定外星人会对地球人类友好，这一点“简直像宗教信仰一样坚定不移”。他那著名的小说《接触》（*Contact*，据此改编的同名电影上映于1997年）贯彻了这一信念。

当然，更多的科学家仍然认为这类想法不值得认真对待。著名物理学家费米（Enrica Fermi）本来并不是这场争论中的重要人物，但是他的一句随口之言，却成为关于外星文明探讨中的纲领性论题——尽管在费米的一生勋业中，这根本排不上号。

1950 年夏天，某日早餐后的闲谈中，费米的几倍同事试图说服他相信外星生命的存在，最后费米随口说道："如果外星文明存在的话，它们早就应该出现了（If they existed, they'd be here）。"由于费米的巨大声望（此时他获得诺贝尔奖已经十多年了），此话流传开后，一些人将其称为"费米佯谬"（Fermi Paradox）。

"费米佯谬"虽然只是费米随口说的一句大白话，但背后还是有理论依据的。

按照至少是近半个世纪我们中国公众所受教育中的"标准答案"，宇宙被认为是"无限"的——无论是时间上还是空间上都是无限的。那么，如果我们不相信地球是宇宙间唯一的文明，或者说我们承认在宇宙间出现其他高等文明的概率不为零，则宇宙间必定已经有了许许多多高等文明。

即使我们接受当代的某种宇宙理论，宇宙年龄也在 100 亿年以上，比如按照目前尚属最主流的大爆炸宇宙理论，宇宙年龄可能达到 200 亿年。考虑到宇宙是如此广大，年龄又是如此长久，宇宙间也必定已经有了许许多多高等文明。

可是为什么我们至今还没有遇见一个呢？

说"费米佯谬"已经成为关于外星文明探讨中的纲领性的论题，并不夸张。西方学者对于"费米佯谬"至少已经提出了 50 种解释，大致可以分成三大类：

1. 外星文明已经在这儿了，只是我们无法发现或不愿承认；

2. 外星文明存在，但由于各种原因，它们还未和地球进行交流；

3. 外星文明不存在。

第 1 类解释中，包括“动物园假说”——认为地球就是先进外星文明专设的一个宇宙动物园，外星文明尽量避免和人类接触，只是默默地观察着人类，所以人类始终未能接触到它们，甚至可能永远不会发现它们。又有“隔离假说”——因为知识是最有价值的资源，先进外星文明为此留下能产生生命形式的地球不受干扰地单独存在着，为它们提供原生态的宇宙文明信息资源。以及“天文馆假说”——人类很可能是生活在一个虚拟世界里，这是一个由高级智慧生命设计出来的仿真“天文馆”，为我们制造出一种宇宙中不存在其他智慧生命的幻象。这个“天文馆”甚至有可能仅仅是意识层面的，即高级外星文明弄出一个人工宇宙的幻象来，直接植入地球人类的意识中。除此之外，第 1 类解释中，还有主张外星人已经混杂在地球人类中间的；主张智慧外星人类似全能上帝，宇宙就是它们创造的；甚至主张地球人类本身就是外星人——只是这个主张并不能消解“费米佯谬”。

第 2 类解释又有几条不同的路径。比较唯物的路径，如外星文明过于遥远、它们目前还没有和我们直接接触的星际航行技术、它们也在向我们发射信号只是我们尚无能力接收或理解，等等。另一条路径，是设想外星文明对地球文明没有兴趣（比如嫌地球文明太原始），或它们对别处的文明更有兴趣，或是外星文明认为与外界接触是危险的。

第3类解释相对比较简单，基本上是论证人类的地球在宇宙中是独一无二的。其中包括我们的太阳系和地球的环境独一无二、生命进化到人类这个地步是概率极其微小的事件，等等。这些解释都可以归结为“珍稀地球假说”。

大体而言，上述三类解释中，第1、第2类都具有开放性，而第3类则从理论上关闭了探索外星文明的大门。

探索外星文明的行动中，最主要的是SETI（Search for Extra-Terrestrial Intelligence），使用射电望远镜来探索可能来自外星文明的无线电信号；但还有更“积极”的行动，是向外太空发射无线电信号，传送地球文明信息，称为“主动SETI”（active SETI），这已被一些学者认为是危险的，可能会给地球文明带来灭顶之灾。例如大卫·布林（David Brin）说：如果高级外星文明“仍然选择沉默……我们难道不应该考虑……和他们一样的做法？至少稍稍观望一下吧？很有可能，他们沉默是因为他们知道一些我们不知道的事情。”

如果说，解释“费米佯谬”是理论问题，如何探索到外星文明是技术问题，那么“我们为什么要探索外星文明”就是一个更高层次的问题了。

也许有人会回答：不为什么，好奇嘛，科学的宗旨就是探索自然嘛。但是，在外星文明这样的问题上，这种回答是不负责任的。很多受过技术训练的人，容易有一种“唯技术主义”的思维倾向——只顾一头钻在技术问题中，想尽办法要在技术上达到目的，但是达到目的之后准备怎么办，他却不事先想好。在外星文明问题上，更重要的应该是：万一真找到了外星文明怎么办？如果外星文明对我们不友好，或者因为沟通困难产生误解而导致了敌意，我们将如何应付？我们会不会引鬼上门引狼入室？我们准备好了没有？

至于萨根那种“简直像宗教信仰一样坚定不移”地认为外星文明会对我们友善的信念，对人类来说类似一场豪赌——以全人类的未来为赌注，我们赌得起吗？

# “费米佯谬”之中国解答

1950 年夏天，某日早餐后的闲谈中，著名物理学家费米（Enrico Fermi）的几位同事试图说服他相信，外星文明是存在的，最后费米随口说道：“如果外星文明存在的话，它们早就应该出现了（If they existed, they'd be here）。”由于费米的巨大声望，此话流传开后，一些人将其称为“费米佯谬”（Fermi Paradox）——它现在又被称为“齐奥尔科夫斯基（K.Tsiolkovsky）· 费米 · 维尤因（D.Viewing）· 哈特（M.Hart）· 蒂普勒（F.Tipler）佯谬”，这里出现如此一长串人名，当然是因为他们都曾经参与了关于地外文明问题的讨论并且发表了重要观点之故。

“费米佯谬”有时又被称为“大沉默”（Great Silence）——因格瑞恩（G.D. Grin）的论文《大沉默：关于地外智慧生命的争论》而得名。因为根据我们目前对于宇宙广袤和年龄的认识——姑且不论那种关于宇宙在空间和时间上都是无限的假设，如果认为在如此广阔的宇宙中（上百亿光年的空间，约 700 万亿亿颗恒星），在如此漫长的时间里（100 亿—160

亿年），全宇宙总共只诞生了太阳系的地球这唯一的文明，这听起来无论如何总是极端武断的。那么，总该有一个两个外星文明被我们发现，或到地球来访问过了吧？为什么它们至今仍然是沉默的呢？

所以“费米佯谬”虽然来源于费米的随口一语，却有深刻意义。由于迄今为止，仍然缺乏任何被科学共同体接受的证据，能够证明地外文明的存在；但另一方面，科学共同体也无法提出任何令人信服的证据，能够证明外星文明不存在，这就使得“费米佯谬”成为一个极端开放的问题，从而引出各种各样的解答方案。

关于这些解答方案，我的博士研究生穆蕴秋小姐已经做了详细归纳，总共有 50 种方案，大致可以分为三种路径：

1. 宇宙中不存在别的文明。这是相对来说最省事的一种解答，只需论证地球环境条件之极端珍稀或独一无二。这也是目前中国科学界最愿意采纳的路径，因为它可以很方便地与一切疑似的“伪科学”理论划清界限。

2. 外星文明是存在的（或曾经存在过），但它们迄今为止还无法和我们接触。这个路径上可以容纳许多假想，比如“外星文明的信号我们还无法接收或理解”、“外星文明没有接触其他文明的欲望”、“外星文明由于自身造成的灾难已经灭绝”，等等。

3. 外星文明已经来到地球，只是我们不知道。这是迄今为止最富想象力的路径，其中不仅包括“地球人都是外星

人”、“它们就在地球上而且已经卷入人类事务中，但不让我们知道”（例如史蒂芬·霍金说人类劣根性太大，外星人认为我们不配知道真相）、“它们早就来过而且留下了证据”（例如前些年很流行的冯·丹尼肯的《众神之车》）等比较肤浅的假想，也包括了一些具有相当思想深度的假想，例如：

“动物园假想”（1973年）：地球是一个先进外星文明专门设置的宇宙动物园。为了确保人类在其中不受干扰地自发生长，外星文明避免和人类接触，只是在宇宙中默默地注视着人类。所以人类始终未能接触到外星文明——也许永远接触不到。

“隔离带假想”（1987年）：远在我们的太阳系形成之前，外星智慧生命已经在银河系开疆拓土进行殖民了，此后银河系进入“稳态时期”，此时知识是最有价值的资源，先进的外星文明为此留下了一颗能产生生命形式的行星——地球，并将它隔离起来，以便为它们提供原生态的宇宙文明信息资源。

“天文馆假想”（2001年）：人类很可能是生活在一个虚拟世界里——高级智慧生命设计了一个高度仿真的“天文馆”，向我们呈现一种宇宙幻象，在这种幻象中，宇宙中似乎不存在别的智慧生命。也就是说，我们通常接受的那种对宇宙的理解可能根本是不正确的。这种假想的思想资源可以直接追溯到科幻电影《黑客帝国》（*The Matrix*）和《十三楼》（*The Thirteen Floor*）。

上述这三种假想都需要有一个假定，即在所有的宇宙文明中，随着科学技术持续发展，必有某个文明最终成为最先

**波兰科幻小说家斯坦尼斯拉夫·莱姆**

进的文明，此时它就会取得整个宇宙的掌控权，随后将诸落后文明逐一摧毁、制服或同化。

上述50种“费米佯谬”的解答中，有许多出自西方的科学共同体成员之手，而且是以学术文本发表在科学刊物上的，当然也有一些来自幻想小说——某些最具深度的思想，恰恰来自小说，比如波兰的科幻小说作家斯坦尼斯拉夫·莱姆（S.Lem）的小说《宇宙创始新论》就是这样的作品。

半个多世纪以来，这些假想全都出自西方人之手，中国人始终未能在这个问题上插过一句嘴。为何会如此，是一个值得我们深思的问题——但不是本文要讨论的。

许多年来，许多中国人一直在为中国本土原创科幻作品不景气而哀叹。我也曾经加入这个哀叹的队伍。但2008年这个局面终于被打破了，刘慈欣的“地球往事”三部曲，第一部《三体》销售就创出了本土科幻小说的新纪录，出版社随即推出了第二部《三体II·黑暗森林》。“地球往事”三部曲当然不是为了解答“费米佯谬”而写的，然而“费米佯谬”及其解答确实从头至尾贯穿了第二部。

小说对“费米佯谬”提出了一种较为精致的解答——黑暗森林法则。它基于两条基本假定和两个基本概念之上。

两条基本假定是：

1. 生存是文明的第一需要。

2. 文明不断增长扩张，但宇宙中物质总量保持不变。

两个基本概念是：

“猜疑链”，由于光速不可超越，直接导致宇宙中各文明之间无法进行即时有效的沟通和交流（比如试图和四光年以外的文明交流，你的一句话必须等待至少八年才会得到回应），这使得“猜疑链”无法截断，所以任何一个文明都不可能信任别的文明（在我们熟悉的日常即时有效沟通中，即使一方上当受骗，也意味着“猜疑链”的截断）。

“技术爆炸”，是指文明中的技术随时都可能爆炸式地突破和发展，这使得对任何远方文明的技术水准都无法准确估计。

由于上述两条基本假定，只能得出这样的推论：宇宙中各文明必然处于资源争夺中；而“猜疑链”和“技术爆炸”使得任何一个文明既无法相信其他文明的善意，也无法保证自己技术上的领先优势。所以宇宙就只能是一片弱肉强食的黑暗森林。在小说结尾处，作者借主人公罗辑之口明确说出了他对“费米佯谬”的解释：

> 宇宙就是一座黑暗森林，每个文明都是带枪的猎人，像幽灵般潜行于林间……他必须小心，因为林中到处都有与他一样潜行的猎人。如果他发现了别的生命……能做的只是一件事：开枪消灭之。在这片森林中，他人就是地狱，就是永恒的威胁，任何暴露自己存在的生命都将很快被消灭。这就是宇宙文明的图景，这就是对费米佯谬的解释。

也就是说，宇宙中各个文明必然处在绝对的敌意中。因为只要在宇宙中发现任何别的文明，唯一正确的策略就是立即对它发起进攻并尽力消灭它，所以宇宙中的任何高等文明绝对不会主动向别的文明暴露自己的存在，这就是“大沉默”的原因。

刘慈欣对“费米佯谬”的这个解答，是中国人为此贡献的第一个解答。在上述50种解答中，可以归入第二路径。

这种解答的一个重要推论是：

> 在人类尚未做好接触地外文明的充分准备之前，任何主动向外星发射地球信息的行动（比如各种METI项目）必然是极度危险的。

# UFO谈资指南

UFO已经被人们谈论半个多世纪了，照理说早已成为老生常谈，然而奇怪的是，一直有许多人乐此不疲，不仅在日常生活中会遇到许多这样的人，媒体也不停地做着各种关于UFO的报道和采访。

在几乎所有谈论UFO的人的心目中，它其实并不是字面上的“不明飞行物”这个意义，而是“智慧外星人的宇宙飞船”。事实上，只有后面这个意义才会让它具有被谈论的价值。以下本文也始终使用这一意义。

## 什么人不谈论UFO？

半开玩笑地说，世界上的人可以分成两类——谈论UFO的和不谈论UFO的。我更愿意先分析不谈论UFO的人群。

第一，以我在中国科学院上海天文台工作十五年的经历，我可以很有把握地说，“主流科学共同体”不谈论UFO。事实上，他们羞于谈论UFO，耻于谈论UFO。一方面当然是因为谈论 UFO 无助于他们拿到科研经费和项目——不仅无助，反而有害，一个科学家如果经常谈论 UFO，他甚至在申请别的课题时也会因此而受到消极影响。另一方面，也是更为重要的，是因为“主流科学共同体”通常认为，UFO 这类话题有着浓厚的“伪科学”色彩，“严肃的科学家”谈论它是不适宜的。

第二，政府官员从来不在公开场合谈论 UFO。但这并不排除他们在私下场合，以一个普通人的身份和朋友聊天时，也会问“UFO 到底有没有啊?”、“你相信 UFO 吗?”这样的问题。政府官员不谈论 UFO 是有原因的，因为这后面有一条暗含的推理链条：

以人类今天的科技能力，只能在地球附近活动；

我们没有在地球附近乃至整个太阳系发现别的智慧生物；

所以 UFO 如果是智慧外星人的宇宙飞船，它们必定来自更远的星球；

它们既能从地球人还无法到达的远方来到地球，它们的科技能力必定大大超越人类；

想想看，一个拥有超越人类科技能力的天外来客意味着什么？它必然意味着对现有政府权威的挑战，或至少是潜在的挑战。

所以，政府官员不在公开场合谈论 UFO，这一点国内外都是一样的。因为从维护政府权威、保持社会稳定等角度来看，政府官员谈论 UFO 都是不适宜的。

第三，像我这样曾受过严格科学训练但如今已不在科学前沿工作的人，通常也不谈论 UFO，因为觉得这个话题既没意思，也乏趣味。不过——哈哈，写专栏时例外。

## 到底有没有 UFO 的证据？

谈论 UFO 的人，也可以分成几类。他们在某种意义上可以成为上述不谈论 UFO 的三类人的镜像。

第一类，是民间科学爱好者。他们很不喜欢“主流科学共同体”对待他们和他们的 UFO 话题的傲慢态度。当然，他们也很不喜欢“主流科学共同体”所颁布、所奉行的所谓“科学标准”——这种标准之一，是要求实验可重复。而民间科学爱好者宣称自己所看见、所经历的 UFO 事件，通常都无法进行科学家所要求的重复。

第二类，有着愤青情怀的人，他们希望挑战一切权威。当科学权威认为谈论 UFO 没有意义，或者是“伪科学”时，他们就更要谈论。当政府官员让媒体上的 UFO 讨论“刹车”时，他们就在网上谈论得更加热烈。由于他们通常对现实不够满意，渴望变革的发生，所以在他们的潜意识里，也许期盼着某种外星超级力量的降临。对这种潜意识想象到极致，就成为刘慈欣小说《三体》中的叶文洁。

第三类，又是像我这样的人。虽然感到 UFO 话题没什么意思，但并不拒绝与媒体打交道，所以也不时被动地谈论 UFO——通常都是接受报刊采访或做电视节目。

关于 UFO 我始终强调两点：

1. 迄今为止，尚无被科学共同体公开正式认可的 UFO 证据。

2. 不能排除 UFO 存在于宇宙中，或降临到地球上的可能性。

这第二点颇有些“两边不讨好”，UFO 的爱好者感到太软弱乏力，却又不能与“主流科学共同体”的立场一致。

国内的“主流科学共同体”倾向于认为，除了地球人类，宇宙中并无其他智慧生命。比如我的老上级、中国科学院上海天文台前台长赵君亮教授，在一次天文学会年会的报告中就是这样认为的。这让我联想起北京大学哲学教授吴国盛的观点：外星人只是现代人发明的一种神话，为的是可以在“外星人”旗帜的掩护下谈论各种超自然能力和现象——没有这个掩护而谈论超自然能力和现象就会被视为“伪科学”。他的见解和赵台长的见解相配合，倒是颇有异曲同工之妙。

至于那些 UFO 爱好者所提供大量的“证据”——UFO 目击报告（包括文字、照片、录像）、被 UFO 劫持的经历叙述等，因为始终无法满足“实验可重复”的科学标准，况且其中还充斥着虚假的陈述，“主流科学共同体”是不会认真对待的。

但是在 UFO 爱好者看来，这些“证据”早已足够证明 UFO 的存在，足够证明外星智慧生命的存在，也足够证明这些文明曾经到达过地球。他们和“主流科学共同体”的分歧，主要在判别标准上。从终极的意义上来说，“实验可重复”也未必就是放之四海而皆准的永恒标准。况且“主流科学共同体”也从来没有给出过“外星智慧生命不存在”的任何证明。所以我们当然不能排除UFO存在于宇宙中，或降临到地球上的可能性。虽然目前国家尚无必要用纳税人的钱去资助UFO研究，但对于民间的自发研究则应持宽容态度。

记得有一次记者问我：你说在今天，“主流科学共同体”到底要怎样才肯承认UFO的存在？我说，按照今天的情形，除非有一艘UFO飞船大白天降落在华盛顿广场上，长期停留，万众目睹——这正是电影《地球停转之日》（*The Day the Earth Stood Still*，1951）中的场景，“主流科学共同体”才肯承认。

## UFO影视作品提要

相关的影视作品本来是UFO话题最重要的谈资之一，但UFO爱好者往往不太注意。这里略谈几部比较重要的。

六十年前的《地球停转之日》当然是相当重要的一部，因为其中有UFO的典型形象。不过该片的主题实际上是警告人类可能因核武器而毁灭。2008年的同名翻拍片也没有将主题集中在UFO问题上。直接将主题集中在UFO问题上的影片，有这样几部值得注意：《夜空》（*Night Skies*，2007），讲述六个人遇见UFO的故事，最后被证明只是他们的幻觉——这种现象在实际出现的大量UFO报告中占有重要

Bernard Herrmann
The Day The
EARTH
STOOD
STILL
Conducted by Joel McNeely

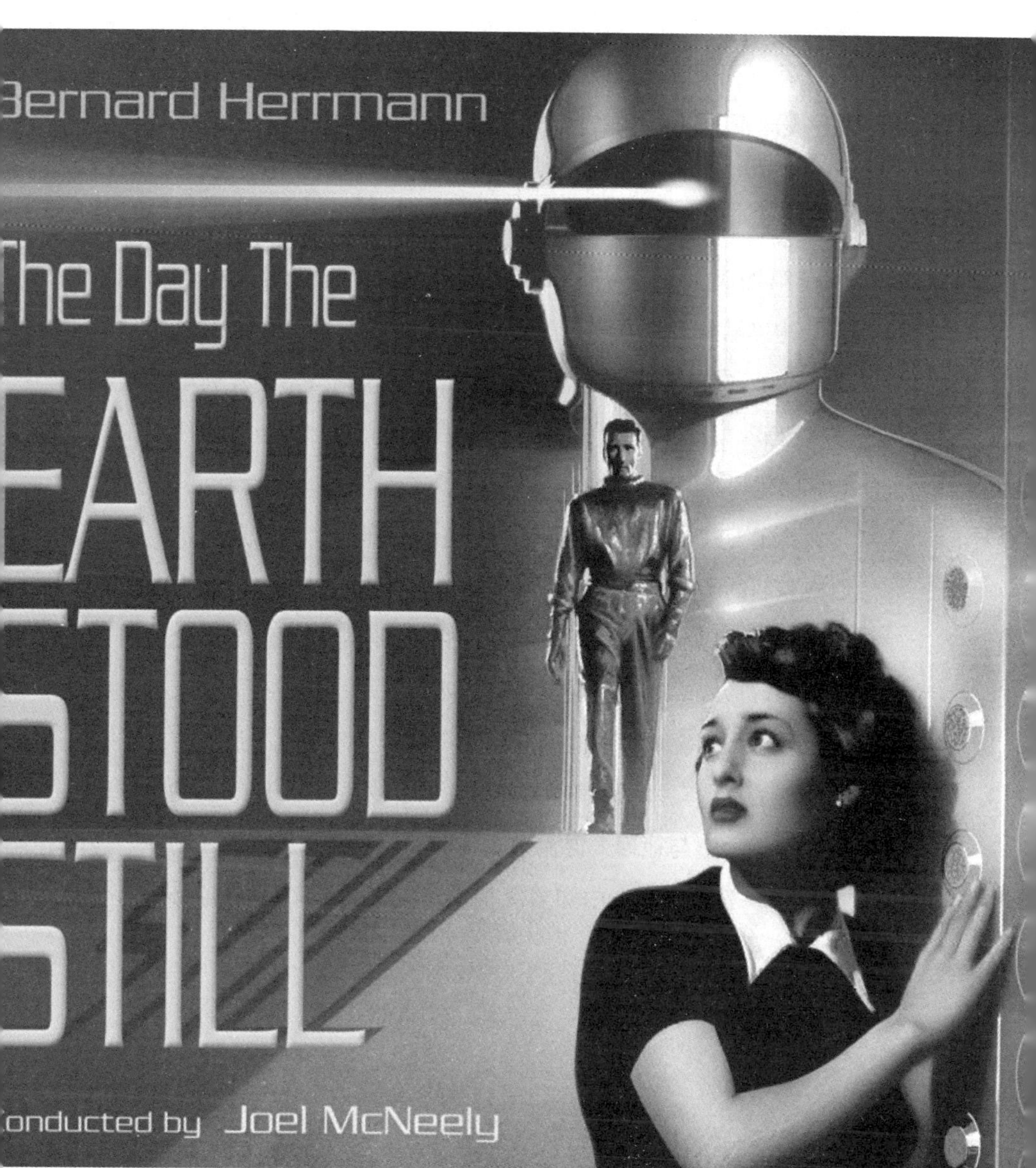

《地球停转之日》海报

位置。

《第三类接触》(*Close Encounters of the Third Kind*，1977)，讲述美国军方以“毒气泄漏”欺骗民众转移清场，然后秘密设立基地与UFO联络。最终一位UFO痴迷者被外星人选中而“升天”。

《第四类接触》(*The Fourth Kind*，2009)，认为人类与UFO的接触分为四类：①看见飞碟；②看见证据（比如麦田圈之类）；③与外星人有交往；④被外星人劫持。影片利用故事情节，悲愤控诉了那种拒绝考虑任何超自然力量可能性的、僵化死硬的唯科学主义立场。

关于UFO最权威、最集大成的影视作品，当数斯皮尔伯格监制的十集的电视连续剧《劫持》(*Taken*，2002)，因为每集长达90分钟，所以也可以被视为系列电视电影。影片采用史诗形式，通过美国三个家族四代人——其中有人是人类与外星人的混血——之间的恩怨情仇，呈现了几乎所有传说中与UFO有关的情景和猜想。影片中外星人来地球的动机，是想通过与地球人混血来改良它们自己的“人种”。《劫持》在一般影视观众中知名度很小，但实为UFO爱好者必看作品。

# 星际航行：一堂令人沮丧的算术课

## 一万年太久，只争朝夕

霍金最近心血来潮，就地外文明、外星人等话题发表了意见，引发了媒体对此类话题的很大兴趣。话题之一，就是关于人类进行星际航行的可能性。

与地外文明话题联系在一起的“星际航行”，当然不包括在我们自己太阳系中进行的星际航行——这种航行人类已经能够进行，尽管目前还只能在离地球不太远的地方（比如火星）稍转一转。由于到目前为止从未发现我们太阳系之内有别的文明，所以与地外文明联系在一起的“星际航行”总是指在恒星之间的航行。

要讨论这样的星际航行，我们可以先从非常简单的算术开始思考。

通常人们都愿意从离太阳系最近的一颗恒星——半人马座的比邻星——开始思考，比邻星距离我们太阳系 4.3 光年，也就是说，以光速从地球到比邻星要运行 4.3 年。

目前人类实际能够达到的最高星际航行速度是多少呢?

从地球上飞出太阳系所需要的“第三宇宙速度”，人类已经能够实际达到，因为我们相信已经有航天器能够飞出太阳系（到底有没有飞出，其实很难确证），这个速度是 16.7 公里 / 秒。注意这个速度连光速（300 000 公里 / 秒）的万分之一都不到。当然，按照常理，在此基础上再努力一下，增加一倍左右，达到 30 公里 / 秒，应该说还是不太离谱的。

如果我们以 30 公里 / 秒（光速的万分之一）的速度飞向比邻星，至少需要 43 000 年。

如果我们能够达到 3 000 公里 / 秒（光速的百分之一），飞到比邻星至少需要 430 年（这里完全忽略了飞船出发后加速、到达前减速之类的过程所需要的附加时间）。但这个速度对人类目前的科技能力来说已经是遥不可及了。

其实在不少问题上，430 年和 43 000 年是一样的。比如，这都大大超出了人类的正常寿命，也大大超出了机器的工作寿命（至少到现在为止，人类还没有机会实际考察任何现代机器设备能否安然工作 400 年，更不用说宇宙飞船这样极度复杂的系统了）。

我个人觉得还有一个更大的问题，那就是，任何在地球上的人们有生之年看不到结果的实验、考察、探险等活动，虽然在理论上可以进行，但实际上人们总会意识到它对自己已经毫无意义，所以很难设想这样的活动会得到实施。

也许正是考虑到了这一点，英国皇家宇航学会在 20 世纪 70 年代进行的星际航行模拟研究“Daedalus 工程”（希腊神话中 Daedalus 造了翅膀逃出迷宫），设想的飞行速度是 30 000 公里 / 秒（光速的十分之一），这在此后许多关于星际航行的假想中被视为一个重要“门槛”。之所以考虑采用这个“门槛”，也许和上面提到的心理有关——如果花 43 年飞到比邻星，再等 4.3 年让无线电报告传回地球，这样在我们有生之年（半个世纪内）还可以得到探险结果。

## 上穷碧落下黄泉，两处茫茫皆不见

星际航行是一个美丽的梦想，它既可以在当代科学主义纲领下不顾一切地被追求（现今人类的许多航天活动就是这样），也可以从古代纯粹的人文情怀中得到共鸣——《长恨歌》中那个道士还“排空御气奔如电，升天入地求之遍”呢。所以，尽管人类目前实际能够达到的航行速度只有光速的万分之一量级，但这并不妨碍科学家对星际航行展开丰富、系统而且大胆的想象。

这种想象已经提出了多种方案，大体可以分为两条路径。

·条路径是接受目前只能“慢速航行”的现实，考虑千百万年的长期航行。这样的航行必将面临一系列难以克服的困难。

首先是燃料从何处提供？目前人类都是采用固体、液体或气体燃料来驱动飞船，但是飞船出发时不可能携带 43 000 年的燃料，目前也没有任何在中途添加燃料的能力。想象中

的核动力也难以维持如此之长的年代。其次是机器设备的工作寿命，迄今为止还没有一架航天器持续工作过50年，43 000年谁敢指望？

这还只是考虑无人航天器，如果载人，则宇航员要么“冬眠”，那飞船上的支持系统能工作千万年而不出差错吗？电影《2001太空漫游》中冬眠宇航员因生命维持系统遭电脑切断而被“谋杀”的命运如何避免？要么在飞船上传宗接代，那这飞船就要被建设成一个小型的地球，这就更没谱了。况且还有近亲繁殖问题。

另一条路径当然是从加快航行速度上来着手，只要速度足够快，就可以消解上一条路径中的大部分困难。这时“Daedalus工程”中的十分之一光速“门槛”就经常会被用到。已设想的至少有如下几种重要方案：

核聚变发动机。这正是“Daedalus工程”本身所设想的方案，它用的是氢的同位素氘（D）和氦-3（$^{3}$He）聚变，这样可以不需用水来冷却发动机，但是方案所需的数千吨氦-3，则只能到木星上去提取。所以这只是史诗般的假想，用来拍科幻电影可以，要实施的话目前人类根本没有这样的能力和财力。

反物质发动机。欲将物质转换成为能量，目前所知最有效者，莫过于物质与“反物质”的相遇湮灭，能够释放出巨大能量。如果想把一吨重的设备，在50年内送到比邻星，初步的计算表明，需要1.2公斤反物质。但是目前人类的技术能力，在这方面还差得太远。关于反物质发动机在技术上离我们有多远，只要提到一个事实就够了：反物质不能存放在任何有形容器中（因为任何有形容器都是物质，两者一相遇就要湮灭爆炸），它只能被悬空拘束在一个真空磁场中。在丹·布朗的小说《天使与魔鬼》中，他只敢想象一克的反物质。而事实上，以人类现有的科技能力，哪怕只生产一毫克（一克的千分之一）反物质，就需要耗尽全世界的能源。

光帆飞船。它很容易在公众心目中唤起诗意的联想，但是真要实施的话，技术上的困难是骇人听闻的。飞船的光帆将大到数十平方公里，厚度则只有 16 纳米（一毫米的十万分之一多一点）。这样的帆怎样张开？更别说还要操纵它了。还需要在土星和天王星之间的某个位置建造巨大的太阳能—激光转换器，设想中该转换器直径竟达一公里，据说射出的激光束可以远至 40 光年也不发散……不过，这个宏伟的方案真要实施的话，它的能量消耗将是现今整个地球生产能力的几万倍。

## 何以解忧，唯有虫洞？

上面这些史诗般的狂想方案中，基本上都没有考虑人。人类向外太空的探险行动，最先派出无人飞船当然可以，但最终总要派人去到彼处才行。而一旦考虑了人的因素，立刻出现两方面的困难。

首先是生理上的问题。在“Daedalus 工程”类型的方案中，要求飞船的巡航速度达到光速的十分之一，即每秒

30 000 公里，这必然有一个现今难以想象的加速过程，人体瞬间能够承受多大的加速度？对某种加速度又能够持续承受多长时间？在民航客机起飞和降落时，这么一点点加速度就会使某些乘客不适甚至发病。宇宙飞船如果急剧加速，说不定刚起飞不久宇航员就七窍流血而死了。

其次是心理上的问题。如果奉派飞往比邻星，以光速的十分之一巡航，这对宇航员来说意味着什么？ 43 年如一日在船舱里，到了比邻星后，即使能够顺利返回地球，那至少也得 86 年以后了——这其实就是终身监禁啊！世间有几人能够承受？

人类星际航行的真正出路，恐怕只能是目前谁也没见过的虫洞了。

# 似真似幻

# 上古长寿之谜：西方和东方的故事

## ——关于永生和长寿之一

长生，是人类一个古老的梦想。这在东方和西方都不例外。我们今天仍然熟悉的某些祝词，如“永垂不朽”、“在 ×× 中永生”之类，追溯其最初的语境，应该都与一个古老的信念有关——那就是古人曾经相信，永生是可能的。西方基督教中的“耶稣复活”之类，也与永生的观念有相通之处。古代中国人比较务实，知永生之不可得，退而求其次，改为对长寿的追求。寄托着古代中国人在这方面理想的一个传说人物是彭祖，相传他活了八百余岁，成为长寿的象征。后世中国人常有取名“寿彭”者，即取义于此。

令人惊奇的是，在东西方古代文明中，有一种同样的现象，即在早期文献中，酋长或国王经常有着惊人的长寿。先看西方，比如在《旧约 · 创世记》中（据中文和合本《新旧约全书》，南京，1982 年）：

11:10　闪的后代记在下面。洪水以后二年，闪一百岁生了亚法撒。

11:11　闪生亚法撒之后，又活了五百年，并且生儿养女。——闪 600 岁

11:12　亚法撒活到三十五岁，生了沙拉。

11:13　亚法撒生沙拉之后，又活了四百零三年，并且生儿养女。——亚法撒 438 岁

11:14　沙拉活到三十岁，生了希伯。

11:15　沙拉生希伯之后又活了四百零三年，并且生儿养女。——沙拉 433 岁

11:16　希伯活到三十四岁，生了法勒。

11:17　希伯生法勒之后，又活了四百三十年，并且生儿养女。——希伯 464 岁

11:18　法勒活到三十岁，生了拉吴。

11:19　法勒生拉吴之后，又活了二百零九年，并且生儿养女。——法勒 239 岁

11:20　拉吴活到三十二岁，生了西鹿。

11:21　拉吴生西鹿之后，又活了二百零七年，并且生儿养女。——拉吴 239 岁

11:22　西鹿活到三十岁，生了拿鹤。

11:23　西鹿生拿鹤之后，又活了二百年，并且生儿养女。——西鹿 230 岁

11:24　拿鹤活到二十九岁，生了他拉。

11:25　拿鹤生他拉之后，又活了一百一十九年，

并且生儿养女。——拿鹤 148 岁

11:26　他拉活到七十岁，生了亚伯兰，拿鹤，哈兰。

11:32　他拉共活了二百零五岁，就死在哈兰。

——他拉 205 岁

21:5　他儿子以撒生的时候，亚伯拉罕年一百岁。

——亚伯拉罕至少 100 岁

别的篇章中也能找到类似例子，比如《申命纪》34:7：“摩西死的时候年一百二十岁。眼目没有昏花，精神没有衰败”。——摩西 120 岁

奇妙的是，在古代中国，也有同样的现象。先看《史记·五帝本纪》：

黄帝：——111 岁、300 岁（？）

裴骃《集解》引皇甫谧曰：在位百年而崩，年百一十一岁。

司马贞《索隐》案：《大戴礼》：宰我问孔子曰：荣伊言黄帝三百年，请问黄帝何人也？抑非人也？何以至三百年乎？对曰：生而人得其利百年，死而人畏其神百年，亡而人用其教百年。则士安之说略可凭矣。

帝颛顼：——98 岁

裴骃《集解》引皇甫谧曰：在位七十八年，年九十八。

帝喾：——105 岁

裴骃《集解》引皇甫谧曰：在位七十年，年百五岁。

帝尧：——118 岁、117 岁、116 岁

裴骃《集解》引皇甫谧曰：年百一十八，在位九十八年。

裴骃《集解》引徐广曰：尧在位凡九十八年。

张守节《正义》引皇甫谧云：尧即位九十八年，通舜摄二十八年也，凡年百一十七岁。引孔安国云：尧寿百一十六岁。

帝舜：——61+39=100 岁

舜年二十以孝闻，年三十尧举之，年五十摄行天子事，年五十八尧崩，年六十一代尧践帝位。践帝位三十九年，南巡狩，崩于苍梧之野。葬于江南九疑，是为零陵。

禹：——100 岁

裴骃《集解》引皇甫谧曰：年百岁也（《夏本纪》)。

汤：——100 岁

裴骃《集解》引皇甫谧曰：年百岁也（《殷本纪》)。

上述这些记载，中国古人曾据常识表示过怀疑，然而也有颇为相信古人确实长寿的，比如《黄帝内经·素问》卷一《上古天真论》，假黄帝之口，问“天师”云：“余闻上古之人，春秋皆度百岁而动作不衰；今时之人年半百而动作皆衰者，时世异耶？人将失之耶?”“天师”岐伯的答案是：上古之人生活有节制，所以长寿；今人贪图享受，寿就短了。

以今天的常识来看，这些古人古代记载至少有两个难以理解之处。①现代考古学和医学认为，数千年前人类的平均寿命是很短的，为什么这些王或酋长们却普遍长寿，且能达到当时人类平均寿命的数倍甚至数十倍？②现代考古学和医学认为，人类的平均寿命是逐步提高的，后世王或酋长们的物质生活条件更会得到大幅改善，为什么他们的寿命却反而明显缩短了？

对于上述这些难以理解之处，可以有多种解释。

想象力丰富的解释，至少有如下两种：

1. 古代的王或酋长们曾经掌握过一种获得长寿的方法，而这种方法后世已经失传，或因为人道、伦理等方面的原因而不再使用了。秦皇汉武痴狂地追寻长生之道，表明他们很可能相信古代曾经有过长生不老的可行之道。

2. 古代早期某些王或酋长并非地球上的人类，而是某种外星人或外星人的近亲，他们具有超人的能力，奇怪的容貌，而且远比地球人长寿。但随着他们与地球人的通婚，他们的后代逐渐失去了这些特征。

站在现有科学立场上的解释，至少也有两种：

1. 古代人平均寿命虽然很短，但仍有极少数个体有很长的寿命。开国之君，必然是体能和智力两方面都非常优秀的，才能在残酷的王权争夺战中胜出；而胜出之王或酋长既然是体能极优秀者，胜出之后又必然“以天下养”，享受极其优厚的生活待遇，自然也就容易享寿较长。

2. 古代早期王年的记载普遍有夸大的倾向，实际上这些王或酋长并未活到那么长。因为在早期文明中，功业盛大的王室祖先经常被尊为神，既为神，则对于该神在人间的年代、他统治部落或王国的年代，都很有可能被夸大；而且这种夸大不会遇到有力的质疑，因为对于神是不能以常人标准来衡量的。更何况这类早期王年通常都年代久远，准确年份本来就难以稽考。这就从根本上消解了那些记载的真实性。

# 玛丽·雪莱还能当科幻的祖师奶奶吗

——从开普勒《月亮之梦》谈起

## 作为科幻作家的开普勒

我的博士研究生穆蕴秋小姐，开始做关于科幻与当代科学发展关系的论文不久，有一天很兴奋地告诉我，她注意到开普勒当年写过一个作品《月亮之梦》(*Somniun*，*Siveas Tronomia Lunaris*)，“这就是科幻作品啊”，她说，“很想找来读一读”。我告诉她我这里就有，是我二十五年前复印的。她非常惊奇，说你那时怎么会连这种东西都收集啊！其实我当时收集这些稀奇古怪的东西并非出于什么远见——比如预知二十五年后会指导穆小姐的博士论文，而是纯粹出于好奇。

在通常的大众读物中，英国大诗人雪莱的第二任妻子玛丽·雪莱（Mary W. Shelley，公元1797—1851年）一直被尊为科学幻想作品的鼻祖，她的小说《弗兰肯斯坦》(*Frankenstein*，*or the Modern Prometheus*，又译《科学怪人》)，发表于1818年，这经常被认为是世界上第一部科幻小说，玛丽·雪莱据此被后世誉为科幻文学的“祖师奶奶”。根据这部小说改编的电影，如果也算上那些攀附在同一主题上的，已达50部左右，真可以说蔚为大观。

其实，从“科幻”(science fiction)这个主题延伸到“幻想”(fiction)，中间并无鸿沟，而是可以“平滑过渡”的——哪些幻想是“科学的”而哪些又不是，本来就没有明确的界限。所以在一些西方人看来，《弗兰肯斯坦》、《星球大战》、《黑客帝国》和《哈里·波特》、《指环王》都可以归为同类。

而开普勒的《月亮之梦》，即使按照狭窄的定义，也完全可以算得上“科幻”了。

1593年，开普勒就读于德国图宾根大学时，已经写出了《月亮之梦》的雏形，那是一篇关于月亮天文学的论文，他设想如果太阳在天空中静止不动，那么对于站在月球上的观测者，天空中其他天球所呈现出的运行情况将会是怎样的——是在日心体系中的情形。这篇已经富有科学幻想色彩的论文在当时未能公开发表。十五年后，1608年，开普勒重拾旧作，在原文基础上扩充内容，1620年至1630年期间，他又在文末补充增添了多达223条的详细脚注，合起来其长度四倍于正文还不止，即成《月亮之梦》。

这部作品在开普勒生前一直没有机会发表，他去世后，其子路德维希·开普勒于1634年将其印刷出版。但是长期不太为人所注意。三百余年之后，科克伍德(P.F.Kirkwood)

女士于1965年将《月亮之梦》译为英文，取名*Kepler's Dream*，由加利福尼亚大学出版社出版，我当年复印的就是这个版本。

## 《月亮之梦》中的科学幻想

《月亮之梦》之所以有资格被列入“科幻之祖”的候选名单，首先是它的形式——以梦的形式写成。开普勒在书中说，本书中的内容，来自他某次“梦中读到的一本书”中主人公留下的记载，在那本梦中的书里，魔鬼引领着主人公和他的母亲作了一次月球旅行。这个情节的设置，让人联想到现实生活中开普勒母亲曾经被指控为女巫的遭遇。

关于去往月亮的途径，开普勒也有奇情异想。他的设想是：那些掌握着飞行技艺的魔鬼，生活在太阳照射下地球形成的阴影中，魔鬼们选择当地发生月全食时作为从地球飞向月亮的旅行时刻——这时地球在太阳照射之下所形成的锥形阴影就能触及月亮，这就形成了一条到达月球的通道。看看，这难道还不算“科学的”幻想？事实上，这完全可以算是17世纪的“硬科幻”啦。

比较重要的幻想，是开普勒对“月亮居民”(inhabitants of moon)的想象：

> 在月亮一直面向地球的一面，布满了很多像被刺穿一般的小孔，这其实是月球上一些连续的洞穴，它们应

该是月亮居民用于抵御严寒酷热的遮蔽所。

在这部分内容里，开普勒认为月亮上也存在有生命的物种：

> （月亮居民）生于泥地里，长于泥地里，他们身材庞大，成长迅速，但生命周期非常短暂。存在于朝向地球一面的月亮居民没有固定居所，成群结队到处游荡，一些用脚行走，可能比骆驼快些，一些用翅膀飞翔，还有一些坐在小船里随波漂流。中途暂停的时日里，它们就爬进那些洞穴里，根据各自的特性在群体中扮演不同角色。

开普勒认为月亮上存在有生命的物种的想法，并非天马行空的任意想象，而是他通过望远镜对月亮观测结果的一种解释。他所依据的现象是：月亮上一些斑点区域内的洞穴呈完美的圆形，圆周大小不一，排列井然有序，呈梅花点状。开普勒认为，这些洞穴和凹地的排列有序以及和洞穴的构成情形，正是月球居民有组织的建造成果：

> 我们认为月亮上存在某个种群，他们能够合理地在月球表面建造凹地。这个种群一定是由许多单个的群落组成，每个群落都有供自己使用的凹地。由此就可解释，为何我们发现这些凹地相互完全一样，因为它们是

按照共同的设计方案建造的。这表明不同的凹地建造者之间达成了成熟的一致意见。

开普勒在《天文光学》(*Astronomiae Pars Optica*，1604)一书中也提到过有关的内容。而在《宇宙和谐论》(*Harmonices Mundi*，1619)第五卷的结语部分，开普勒说他的老师第谷(Tycho Brahe)也认为别的星球上可能存在有生命的物种。

**"科幻之祖"候选人之一——天文学家开普勒**

著名科学哲学家托马斯·库恩(Thomas S. Kuhn)在《哥白尼革命》(*The Copernican Revolution*，1957)一书中谈到17世纪望远镜发明和科幻萌芽之间的关系时说："望远镜成为一种流行的玩具，对天文学或任何科学此前从未表现出兴趣的人，也买来或借来这种新仪器，在晴朗的夜晚热切地搜索天空……一种新的文学也随之诞生了。科普读物和科幻小说的萌芽都可以在17世纪发现，一开始望远镜和它的发现是最显著的主题。”这段论述，可以帮助我们理解创作《月亮之梦》时的历史背景。

## “科幻之祖”五大候选人

开普勒的《月亮之梦》，有时候确实也被视为是科幻小说的先驱。从“科学”、“幻想”这两点上来说，这部作品都是毫无问题的；唯一不足的是作为小说稍稍有点勉强。不过《月亮之梦》并不是唯一威胁玛丽·雪莱科幻祖师奶奶地位的作品，“科幻小说先驱”的头衔，目前至少已经有五位竞争者。据穆蕴秋小姐整理，五位竞争者的情况可见下表：

| 作　者 | 年　代 | 作　　品 | 持该种观点的代表学者 |
|---|---|---|---|
| 巴比伦史诗 | | 《吉尔伽美什》（*Gilgamesh*） | James Gunn |
| 希腊史诗 | | 《奥德赛》（*Odyssey*） | Sam Moskowitz |
| 普鲁塔克 | | 《月亮上的脸》（*De Facie*） | W.M.S.Russell，H.Gorgemanns |
| 开普勒 | 1634年 | 《月亮之梦》（*Kepler's Dream*） | M.Nicolson，Donald，Menzel |
| 玛丽·雪莱 | 1818年 | 《弗兰肯斯坦》（*Frankenstein*） | B.Aldiss，J.Gunn，Martin Tropp |

表中《吉尔伽美什》和《奥德赛》之所以入选，当然是

因为作品中的幻想成分；而如果说《月亮之梦》被视为《弗兰肯斯坦》的先驱，那么将普鲁塔克《月亮上的脸》视为《月亮之梦》的先驱，也完全有根据——开普勒自己表示，他的《月亮之梦》深受两部古希腊哲学家著作的影响，其中之一就是普鲁塔克的《月亮上的脸》。普鲁塔克在其中对月亮的结构和性质，以及它的天文现象作了探讨，并已经论及月亮是否会是一个可居住的世界。开普勒将它从希腊文翻译为拉丁文，足见他对这一作品的喜爱。

# 克拉克：一个旧传统的绝响

## ——兼论“科幻文学黄金时代”

阿瑟·克拉克（Sir Arthur Charles Clarke，公元 1917 年 12 月 16 日——2008 年 3 月 19 日）逝世了。他被称为“最后的科幻大师”，“科幻文学黄金时代最后一位大师”，而他的逝世被视为“宣告了一个时代的落幕”。在一片颂扬声中，我倒是愿意冒着被“克粉”们讨伐的口水淹死的危险，说几句不太中听的话。

先看“科幻文学黄金时代”这个提法的实际意义。所谓“黄金时代”，从来都只是一个文学性的修辞手法，总是被用来建构今人想象中的往昔太平盛世。所以，当我们称赞往昔某一段时间是什么什么的“黄金时代”时，几乎从来都不意味着我们当下就不如那个我们回忆中的时代——通常我们只是想借用那个时代来说当下的事而已。

对于“科幻文学黄金时代”，也应作如是观。

对于那个黄金时代的大师，“考核指标”也不外大奖和

小说销量两项。克拉克得过三次雨果奖，三次星云奖，一次星云科幻大师奖；他的近100部科幻作品据估计全球销售了2 500万册，平均每部作品销售25万册。从这两项指标看，克拉克的大师资格当然没问题。

但是，比克拉克晚些的作家，也有很畅销的科幻小说呀，比如迈克尔·克莱顿（Michael Crichton）的一系列小说，比如丹·布朗的小说——他的《数字城堡》、《天使与魔鬼》、《骗局》绝对都是典型的科幻小说，只是现在大家通常不把他算到科幻作家行列中。这也是因为“科幻”的边界正在越来越模糊（或者可以说是在扩张）。

克拉克最著名的作品，当然是小说《2001太空漫游》（*2001*：*A Space Odyssey*，1968），以及另外3部一直写到1997年才结束的续篇（2010、2061、3001，他自己认为不是续篇，而是“变奏”），但这很大程度上是拜库布里克导演的同名科幻影片之赐。与通常先有小说后有电影的模式（亦有少数相反的模式）不同，这两部作品是同时合作创作的。克拉克对于他和库布里克的这段合作，此后多年来也一直津津乐道。

但是，比克拉克晚些的作家，也有很著名的改编电影呀，比如克莱顿的《侏罗纪公园》、《时间线》、《刚果惊魂》、《深海圆疑》等。而在与克拉克约略同辈的科幻作家中，菲利浦·迪克（Philip Dick）在这方面有着远远超过克拉克的成就——只要提起《银翼杀手》、《宇宙威龙》、《少数派报告》、《记忆裂痕》、《黑暗扫描仪》这些著名科幻影片就

“最后的科幻大师”克拉克

《2001 太空漫游》书影

够了。

也有人将《太空漫游》与乔治·奥威尔（George Orwell）的《1984》相提并论，这倒是一个颇有创意的比较——这两部小说代表了科幻的两个传统，或者说两个时代。

老实说，克拉克代表的是科幻中一个旧传统。中国读者最熟悉的是这个传统中儒勒·凡尔纳的作品，这些作品呼唤科学技术，赞美科学技术，为科学技术向我们许诺的美好未来吟唱颂歌。这个传统标榜“硬科幻”——以有很多科学技术的细节为荣，更以能够预言某些科学技术的发展为荣。这是一个乐观的传统。

另一个传统，其实在19世纪末已经开始，那是一个悲观的传统，着重反思科学技术发展给人类带来的负面作用，在很大程度上它就是反乌托邦传统。这个传统中有许多“软科幻”作品，因为这个传统并不以科学技术细节之多为荣。上面提到的奥威尔、迪克、克莱顿，甚至丹·布朗，都是后一个传统中的重要作家。

克拉克的作品，基本上一直停留在前一个传统中。他自己也以此为荣。证据是，在他前后写了三十年的太空漫游四部曲中，他写过许多篇序、后记、新版序之类的文字，在这些文字中，他反复提到自己小说中某些与后来航天事业吻合的细节，深以为荣。这些细节，归纳起来其实也就是三件琐事：①飞船“阿波罗十三号”出故障时宇航员向地面报告的语句，与他小说类似情节中的语句非常相近；②通讯卫星“棕榈棚B2”发射失误的情节，与他小说中的某处情节类似；③电影《2001太空漫游》里木星的一连串画面，与“航海家号”宇宙飞船所拍摄的画面“其相似之处令人拍案叫绝”。

这些细节上的吻合或相似有多大意义，是另一个问题，但反复提到这些细节，足以说明克拉克心目中的价值标准——在这些序、后记、新版序之类的文字中，能解读为后一个传统的内容，连只言片语也找不到！克拉克确实是前面那个旧传统的“最后的大师”。

顺便插一句，反复谈论这三件琐事，是不是显得挺可爱？事实上，克拉克晚年很喜欢这调调。例如，他在《3001太空漫游》序中说：“让我又惊又喜的是，我发现《牛津英语大辞典》从我的书里引用了超过66处，用以解释某些字辞的意义与用法！”这番统计工作让克拉克有点得意忘形，他接着说：“亲爱的《牛津英语大辞典》，如果你在这几页里发现了什么可用的例证，再一次的——别客气，尽管用！”而在此书末尾“最后的感谢”中，克拉克感谢一家酒店的老板为他写作提供了套房，但“或许更令人鼓舞的是入口处所悬挂的牌子”，因为牌子上罗列了光临该酒店的卓越人物，包括苏联宇航员加加林、电影明星格里高利·帕克、费雯丽，等等，最后他告诉读者，“我很荣幸看到我的名字列在他们之间”。

也许有人会说：这两种传统有什么高下之分？你有什么理由厚此薄彼？

在所谓的“科幻文学黄金时代”，这样问或许能显得相当雄辩，但是到了今天，情形已经完全不同。今天的科学技术，已经是脱缰的野马，人们对于科学技术，早已不是担心它发展得太慢，而是担心它发展得太快，担心它会失控。今天的科学技术，早已不需要《太空漫游》所代表的前一个传统来呼唤它，却迫切需要《1984》所代表的后一个传统来反思它。

所以，如果我们非要找出一个“科幻文学黄金时代”的话，我宁愿说，今天当下，才是这样的黄金时代。

# 科学家与电影人之同床异梦

## 好莱坞编导给科学家上课

霍金的《时间简史》据说全世界每750人就有一册，他可以算当今世上最著名的科学明星了。而且他与媒体配合默契，隔一段时间就能让媒体兴奋一阵。这样的科学明星，在科学史上极为罕见，如果一定要找一个堪与霍金比肩的，我想只有卡尔·萨根（Carl Sagan，公元1934—1996年）差能近之。不过萨根不及霍金长寿——要是他能活到今天，那他的科学明星之路，怕是“星途不可限量”呢。

前些时候，我的已经毕业的博士研究生穆蕴秋小姐来我书房聊天，谈起她最近在研究中顺便注意到的一则刊登在《自然》(*Nature*）杂志上的科学八卦，让我又想起了萨根。那则科学八卦是这样的：

2004年7月中旬，好莱坞几位知名电影人——包括《X档案》的制片F.Spotnitz、《星际迷航》剧集的导演A.Singer、《狮子王》的编剧之一C.Vogler等人——与来自美国各地不

同研究领域的15位科学家，举行了一场有关电影剧本的周末讨论会。这些科学家是被两个月前发出的讨论会通告召唤来的，共有50多位对剧本创作有兴趣的科学家报了名，最终有15位科学家被选中。他们每人还按要求提交了一份剧本的构思。然后那几位好莱坞电影人在讨论会上向这些科学家传授，怎样写出一个好剧本，怎样将自己的剧本卖给电影投资公司。当然，这不是单向的耳提面命，科学家们也得到了适度的尊重，他们“也就怎样提升电影中的科学和科学家的形象给出了一些建议”。

如果萨根在世，他会报名吗？如果他报了名，会得到邀请吗？遥想萨根当年，将一部小说的写作计划分送九家出版社让它们竞标，最后西蒙—舒斯特出版社以200万美元预付稿费的出价中标，也许他根本不屑去报名参加上面这种讨论会；而他如果报了名，我想一定会得到邀请。

## 最高的艺术形式是电影

萨根之所以成为炙手可热的科学明星，主要有两大原因。

一是他积极参与科学上最引人注目的项目，比如“水手9号”、“先驱者”系列、“旅行者”系列等著名宇宙飞船探索计划，他还参与设计了那张著名的“地球人名片”——镀金的铝质金属牌，上面用图形表示了地球在银河系中的方位、太阳和它的九大行星、地球上第一号元素氢的分子结

天文学家卡尔·萨根

构，以及地球上男人和女人的形象。美国发射的先驱者10号（1972年）和先驱者11号（1973年）探测器上都携带了这张“名片”。这张“名片”还曾出现在中国的中小学教科书中。

二是萨根和媒体之间的“恋爱”十分甜蜜。先是他自编、自导、自演的电视系列片《宇宙》(*Cosmos*）在全球60多个国家热播，他一跃而成人众心目中的科学明星。他马上再接再厉，构思了以SETI行动（用无线电探索地外文明信息）为主题的科幻小说《接触》(*Contact*)，并将写作计划分送九家出版社，对于一部尚未写出来的小说，西蒙—舒斯特出版社200万美元预付稿费的出价，在当时实属惊人之举。消息传来，在萨根的天文学家同行当中引起了“强烈的情绪”——那是何等的令人嫉妒啊。

萨根此时已从科学涉足媒体娱乐而获享大名，但在他心目中，最高的艺术形式莫过于电影——据说这与他父亲当过电影院检票员有关（想必萨根小时候沾光看了不少电影），所以小说在签约时就预定要在1984年拍成电影，萨根对筹拍也十分投入。但在好莱坞制片人眼中，《接触》的身价却与小说不可同日而语，剧本从一个制片人手上转到另一个制片人手上，转眼十几年过去。著名导演库布里克也曾对《接触》发生过兴趣，但最终他和萨根话不投机，无法合作。直到1997年夏天，电影《接触》(常见中译名为《超时空接触》)才终于举行了首映式。影片由萨根编剧，泽米吉斯（R.Zemeckis）导演，朱迪·福斯特（Jodie Foster）主演。

影片中的女主角艾博士，其实就是萨根的化身——从小热爱天文学，长大后全身心投入天文学研究，研究的项目正是SETI行动（在20世纪60、70年代非常时髦）。和现实中的情形不同，影片中的SETI行动取得了重大成果——艾博士的研究小组真的接收到了外星发来的无线电信号！而且，对这些信号解读的结果表明，这是完整的技术文件，指示地球人建造一艘光速飞船（实际上就是时空旅行机器）。于是美国政府花费了300亿美元将飞船造成，艾博士争取到了乘坐飞船前往织女星的任务，她童年的梦想眼看就要成真……

影片《接触》上映之后，颇得好评，上座率是科幻大片《独立日》的五分之一，应该也算很不错的成绩。不幸的是萨根已经在半年前撒手人寰，他未能看到自己编剧的电影上映，恐怕难免抱恨终天。

## 挂掉好莱坞打来的电话

穆小姐在我书房里谈本文开头提到的科学八卦时，恰好看见我桌上放着两册萨根的传记，奇巧的是，这竟又构成了上述八卦的下文：

正是这部萨根传记的作者戴维森（K.Davidson），看到《自然》杂志上报导好莱坞电影人与科学家讨论会的文章（*Science in the movies*：*Hollywood or bust*），就给杂志写信说，他认为科学和好莱坞的结合是没有好结果的。他举了自己亲身经历的事例：他写过一本关于龙卷风和暴风雪的科普著作，当他被告知华纳兄弟公司将此书作为影片《龙卷风》（*Twister*，1996）的“指定参考书”时，作为一位电影爱好者他很高兴，但等他看到电影时，却发现影片中充斥着胡编乱造的气象学知识和术语，而电影的制作者则声称他们“咨询过”著名的气象学家。

作为萨根的传记作者，戴维森也没有忘记在信中举影片《接触》的例子，影片删去了萨根小说中一个重要情节：艾博士后来发现，在圆周率 π 中隐藏着宇宙的秘密，当 π 值到小数点后某位数时，信息代码就出现了。萨根希望在电影中保留这一情节，但最后还是被电影人割爱了。有人认为“删除这一情节，是制片人犯下的最大错误”，因为这使得影

片“失去了智力上的深度”。

戴维森最后的结论是：“如果是好莱坞给你的实验室打电话，挂掉它。”

让我们再回到本文开头电影人和科学家的讨论会上。在讨论会上电影人告诉科学家，为了追求电影的视听效果，科学的准确性是可以而且必须牺牲的，例如，火山喷发的声音实际上像玻璃冻裂的破碎声，但是为了显出效果，电影会将它弄成像重型卡车疾驰而过发出的呼啸声，“任何一个看了电影的火山学家可能都会认为它是一出闹剧”，但这在电影人看来是完全正常的。

这里问题的关键是：电影人和科学家的诉求和底线都是很不相同的。电影人的诉求是影片票房大卖或获奥斯卡奖；而科学家（和电影人搞到一起时）的诉求通常是传播科学。科学家的底线是不能损害他在同行中的声誉，而电影人不存在这样一条底线。

更深层的问题是：当科学家以外的人（比如电影人）谈论科学时，他们必须准确吗？在科学主义的话语体系中，由于科学永远是神圣的，所以它当然在任何情况下都必须准确。但是如果将科学看成娱乐资源——好莱坞一向是这么干的，科学知识的准确就不是电影人的义务了。如果科学家对这一点想不通，那么确实还是挂掉好莱坞打来的电话为好，更不要妄想“提升电影中的科学和科学家的形象”了。

# “科学技术臣服在好莱坞脚下”

——再谈科学家与电影人之同床异梦

## 科学家也想给电影人上课

上篇文章谈到“好莱坞编导给科学家上课”的故事，此事发生于2004年。其实，科学家也很想给好莱坞电影人上上课。

2008年，美国成立了一个“美国国家科学院科学与娱乐交流协会”，协会的宗旨是“建立科学家和工程师与电影及电视节目制作人士之间的纽带，提供娱乐所依赖的可信和逼真品质”。会长 Jennifer Ouellette 认为，“目前美国有着一股非常强烈的反科学风气，一些人就是不喜欢科学”。协会宣称，交流的目的是通过正确反映科学和正面刻画科学家的形象，让公众更热爱科学，并吸引更多的人投身科学生涯。这样的宗旨和目的，倒是与我们这里传统“科普”的宗旨和目的如出一辙——在传统“科普”日益没落的挽歌声中，中国和西方的科学家不难找到他们的共同语言。

科学家给电影人上课，当然有正面表扬和反面批评两个途径——如同他们在课堂上给学生上课一样。

正面途径是表扬某些电影。例如在被《自然》杂志评论的影片中，《接触》(*Contact*，1997）和《海底总动员》(*Finding Nemo*，2003)，被认为是既有较好票房又能准确反映科学内容的代表作品。前者的“科学术语的运用是准确的，虽然这是以丧失某些艺术上的美感来换取的”，而后者的“科学准确性给许多海洋生物学家留下了深刻印象”。

不过好莱坞被科学界认可的电影其实少之又少。《接触》是根据卡尔·萨根的小说改编的，而萨根可是科学共同体的正式成员，所以这部影片的“科学血统”是罕见的。而《海底总动员》的导演虽然也极力想保持科学的准确性，例如当生物学家迈克·格雷汉姆则说他无法忍受画面中出现的一种生长在冷水中的大型褐藻被画在了珊瑚礁中间时，导演就把每个画面中的这种藻类都移除了——据说做这样的改动花费不菲；但是为了推动剧情发展，他终于还是未能做到在科学上百分之百的真实。

反面途径当然是批评某些科幻电影——那就信手拈来比比皆是了。例如1998年《自然》杂志上对当年上映的两部科幻电影《天地大冲撞》(*Deep Impact*）和《绝世天劫》(*Armageddon*）都有批评：说前者的故事中，如果原始的彗星是向地球撞击而来，那么爆破后应该是它的质心而不是两块碎片中的任意一块撞向地球。后者则被指出多处草率的疏漏，比如如果电影中所说将要冲撞地球的小行星大小和得克萨斯州差不多大，那在到达地球前 18 天，它的亮度应该已经达到猎户座恒星的亮度，不可能直到临近才被发现；而要劈开一颗这样大小的小行星需要的能量，相当于地球上现有核武库的百万倍。

事实上，要在科幻电影中挑出类似的错误，实在是太容易了。确实也有这样的科学家，专门写了书来挑电影中的科学错误，而且津津乐道，仿佛电影人及观众的"愚蠢"可以"衬托出他自己英俊的科学面庞"。但是在我看来，这种批评很有些类似煮鹤焚琴。因为这牵涉到另一个问题。

## 电影中的科学知识必须准确吗？

2010 年《自然》杂志上的一篇文章在谈到电影中的科学时相当愤慨，"所有的科学技术都臣服在好莱坞脚下"——因为"电影通常都是在歪曲科学本身。龙卷风、火山、太空飞船、病毒等，服从的都是好莱坞的规则，而不是牛顿和达尔文的规则"。文章还认为，"电影中描绘的研究者和现实实验室中的研究者很少有共同之处。银幕上的一些科学家是被英雄打败的恶棍，另一些则因其与众不同的鲁莽而具有威胁性，还有一些则是独自一人在深山老林中寻找治癌方法的异类"。文章所归纳的好莱坞影片中的科学家形象，倒是相当符合好莱坞科幻电影中的一般情形。

但问题是，电影人和科学家，如果他们试图合作的话，是注定要同床异梦的。因为科学家总是一厢情愿地希望通过

电影来宣传科学，而电影人却总是将科学当作利用的资源，就像文学、历史、哲学、艺术、政治、军事……那样，都是被他们利用的资源。电影人追求的是电影的票房大卖或得奥斯卡奖——他们不会去指望得诺贝尔奖。所以紧接着的一个问题就是：电影中的科学知识必须准确吗？

许多科学家会认为：当然必须准确。许多一般公众也会同意这个意见。但我们是不是应该想一想，为什么在电影利用文学、历史、哲学、艺术、政治、军事……作为资源时，我们对其“准确”的要求就不那么高呢？比如我们能够容忍对历史的“戏说”（尽管有些执着的历史学家也不能容忍），为什么就不能容忍对科学的“戏说”呢？换句话说，我们实际上已经暗中假定了，科学在这个问题上和别的知识不一样。这种假定，其实正是唯科学主义的重要表现之一。因为唯科学主义认为，科学是神圣的，科学是凌驾于一切别的知识体系之上的；所以在人们谈论科学时，在电影利用科学时，对科学的反映都必须准确，就好像对宗教教义的陈述必须准确一样。

经常被用来为“戏说”历史辩护的一条理由是：观众知道影视作品不是历史教科书，他们如果要想获得准确的历史知识，自然会去教科书或工具书中寻找。这条理由完全可以原封不动地移过来为“戏说”科学辩护：观众知道影视作品不是科学教科书，他们如果要想获得准确的科学知识，自然会去教科书或工具书中寻找。

既然如此，电影中的科学知识又为何必须准确呢？准确当然很好，但不准确亦无不可。

## “这只是一部电影”

当年萨根为电影《接触》中采用什么手段进行时空旅行，专门请教了物理学家索恩，索恩建议他以虫洞作为时空旅行手段。萨根还曾请来科学界的一些知名人士对影片内容进行推敲，还为他们开设了一套专门的参考书目，其中包括索恩的《黑洞与时间弯曲》和加来道雄的《超越时空》。

然而这只是特殊情形，绝大部分由电影人制作的电影，哪怕是科幻电影，也不会对科学如此“恭顺”。2009 年《自然》杂志上一篇关于当年圣丹斯电影节的报道说：一位天体物理学家表达了他的失望，认为圣丹斯电影节上出现的 118 部电影中，没有任何一部描述了正常工作的普通科学家。不过影片《少数派报告》和《钢铁侠》的科学顾问对此表示了宽容：“最好的电影传达的是思想，形式并不是那么重要。”

2010 年 D.Sarewitz 在《自然》杂志上发表文章指出：为什么伟大的科幻电影——从《弗兰肯斯坦》、《2001 太空漫游》到《黑客帝国》——的故事情节都是充满警示色彩和矛盾张力，而不是简洁和现实主义戏剧风格的？因为它们都设置了虚构的困局和放大了的人物形象，而这样的困局和人物形象恰恰是“科学与娱乐交流协会”想要净化掉的东西。因为协会要求大众娱乐传媒向人们展示更加真实的科学家形象，呈现更加准确的科学背景。我想按这种标准弄出来的电

影，多半会落得乏人问津的下场。

当年影片《侏罗纪公园》（*Jurassic Park*，1993）上映后，《自然应用生物学》（*Nature Biotechnology*）上的文章批评它缺乏科学准确性，影片故事的作者迈克尔·克莱顿——曾经的科学共同体成员，后来成为职业小说家和电影人——在给杂志的一封来信中轻巧地回应说：“正如希区柯克曾经说过的——这只是一部电影。”

# 多世界：量子力学送给科幻的一个礼物

## 时空旅行：曾经的玄幻主题

早在1895年，威尔斯（H.G.Wells）就在小说《时间机器》（*The Time Machine*）中想象利用“时间机器”在未来世界（公元802701年！）的历险。这就是时空旅行（或时空转换）。在当时，虽然“机器”让这一想象有了一点“科学”色彩，但时空旅行这个概念本身还没有任何科学依据，就像今天那些玄幻小说中的所谓“穿越”——我们可以理解为“回避了科学手段的时空旅行”。

有趣的是，这一年正是爱因斯坦考大学名落孙山的那年——他不得不去读了一年“高考复习班”，次年才上了大学，相对论还要等待十年才能问世。而正是相对论，使得“时间机器”从纯粹的幻想变成了有一点理论依据的事情，因为不少科学家先后在爱因斯坦场方程中找到了允许时空旅行的解。

不过，如果人能够时空旅行回到过去，就会在理论上产

生一个严重问题。这个问题有多种表述，而展示得最为生动者，当数电影《未来战士》（*Terminator*，1984—2009）系列。影片中约翰派遣自己的属下回到过去，这位属下还成了他的生父，这岂不是说，约翰的出生是约翰自己后来安排的？本来在我们的常识中，因果律是天经地义的——任何事情有因才会有果，原因只能发生在前，结果必然产生于后。但是人一旦可以回到过去，因果律就要受到严峻挑战。这样的事情，在物理学上被称为“时间佯谬”。

这确实是一个难题。尽管已经在爱因斯坦场方程中找到了允许时空旅行的解，但“时间佯谬”还是成为时空旅行回到过去的一个有力反证，一些物理学家拒绝进行任何涉及时间机器的研究，也与这一点有关。可以这么说，只要“时间佯谬”不解决，时空旅行就仍然只是一个缺乏足够科学依据的玄幻主题。

## 爱武烈特的归来

解决“时间佯谬”的方案出现在 1957 年。这个方案是量子力学带来的。

在量子力学的发展中，自从“薛定谔的猫”搅和进来之后，就在下面这个问题上将物理学家逼到了墙角：量子系统可以是若干个量子态的叠加，可是测量行为只要一实施，量子态的叠加就会“坍缩”到某一个明确的（被观测到的）经典态——这就是所谓的“量子力学的哥本哈根解释”；那么，造成这种坍缩的原因到底是什么呢？

Nature 杂志的多世界专号封面

提出“多世界解释”的爱武烈特

1957 年，一位名叫爱武烈特（Hugh Everett）的年轻人，在博士论文中，针对量子测量中波函数坍塌的疑难，提出了“量子力学的多世界解释”(many world interpretation，常被缩写为 MWI)，他认为，在量子测量过程中，其实并无所谓的“坍缩”，所有可能的态是共存的，具有同等的实在性，所有的可能性其实都实现了，只不过每一种可能性实现在一个个不同的宇宙中了。而且这样的宇宙有无穷多个。

爱武烈特的想法虽然得到导师惠勒（J.Wheeler）的推荐，但在物理学界反应冷淡。爱武烈特曾在 1959 年去哥本哈根见玻尔（Niels Bohr），玻尔当然对自己的“哥本哈根解释”坚信不疑，而对爱武烈特的“多世界解释”不屑一顾。爱武烈特心灰意冷，逐渐退出了物理学界。不过塞翁失马焉

知非福，他后来在商界成功，成了百万富翁。

到了20世纪70年代，德威特（B.S.De Witt）重新发掘了“多世界”理论，并在物理学界大力宣传，MWI逐渐广为人知——甚至出现了“爱武烈特主义”（Everettism）这样的词汇。爱武烈特也曾有过重返物理学界的想法，不幸他1982年死于心脏病，只好万事消歇。“多世界解释”现在据说已坐二望一，有对“哥本哈根解释”后来居上之势——例如它得到了史蒂芬·霍金的支持。

## 多世界：墙里秋千墙外道

苏东坡《蝶恋花·春景》词下阕云：“墙里秋千墙外道。墙外行人，墙里佳人笑。笑渐不闻声渐悄，多情却被无情恼。”描述了墙外行人与墙里秋千少女之间那种微妙的心理活动。如将这种描述移用来隐喻物理学界和科幻界对“多世界”理论的感受，或许不无某些暗合之处。如果说随着爱武烈特退出物理学界，他发出的“多世界”笑声就此“笑渐不闻声渐悄”的话，那么科幻界的“墙外行人”却为此浮想联翩。

“多世界解释”后来被以时空旅行为主题的作品广为借鉴。在莫考克（M.Moorcock）的系列小说 *Eternal Champion Stories* 中，已经出现了“平行宇宙”（multiverse，有时也用 parallel universes、parallel worlds 等，所指相同）的名称，它被后来的小说家们广泛使用。而图解“平行宇宙”最直观的电影，当数《平行歼灭战》(*The One*，2001，中文译名还有《救世主》、《宇宙追缉令》、《最后一强》等)。

按照影片中的故事，我们生活在“自己的”宇宙中，但是宇宙并不是只有一个，而是有125个，这些宇宙就被称为“平行宇宙”。人类除了在自己生活于其中的宇宙之外，每个人在其余的宇宙中也存在着。对每个个人来说，其余宇宙中的“自己”就是自己的“分身”。利用虫洞（wormhole），可以在这些平行宇宙之间往来。人类已经有能力制造虫洞，可以随意开启和关闭虫洞。但按照当时的法律，个人并不能在平行宇宙之间随便往来，这种时空旅行受到时空特警当局的严格管制。

德威特后来在阐述“多世界解释”有一段名言：“宇宙的任何一个遥远的角落的任何一个星系中任何一个星球上发生的任何一次量子跃迁，都将把我们这里的世界分裂成自己的亿万个拷贝。”从这句常被引用的话中，我们甚至已经可以依稀看见“分身”的影子。

“多世界解释”在时空旅行幻想故事中的“科学”作用，就是消除“时间佯谬”对传统因果律的挑战：通过时空旅行回到过去干预历史的结果，只是展现了“另一个”世界（或历史）而已。例如《未来战士》中约翰派遣自己的属下回到过去，和他的母亲相恋而成为他的生父，一个新的历史分支随即产生，这个分支中，这名属下是约翰的生父；而与此同时，原有的那个历史分支也平行存在着，在那个分支中，这名属下并不是约翰的父亲。

不过，“多世界”虽然有一个高贵的量子力学“出身”，这个高贵的出身为许多幻想作品披上了华丽的“科学”罩袍，但它自身却还没有在物理学殿堂中取得固定席位，因为它还无法跻身于“科学理论”之例。要成为“科学理论”，必须得到实验或观察的验证，或者至少在理论上指出这种验证或观察的路径，但我们目前还无法验证“平行宇宙”的存在。如果这些宇宙之间能够沟通和交往，那或许就有了某种验证或观察的路径，但目前这种沟通和交往也只存在于幻想中。所以连惠勒最后也不得不承认，爱武烈特的观点只能提供一些“想法”——实际上是“猜想”。

也许，“多世界”就是物理学“墙里佳人”的一阵笑声，笑声随着春风飘散，无意中成为她们留给多情的科幻“墙外行人”的一件礼物。

# 科学政治

# 疯狂的恶棍与天才数学家

## ——秦九韶与一次同余式理论

关于中国人对于世界科学史的贡献，经常被提起的不外四大发明之类，其实还有一些不那么著名的贡献，也确实是由中国人做出，并且得到西方学者承认的。例如“中国剩余定理”——这是西方数学史著作中对一次同余式定理的称呼。因为关于这个问题最先出现于中国南北朝时期的数学著作《孙子算经》中，所以又被称为“孙子定理”。

对于这个问题，历史上的西方数学家也做过大量研究，但最重要的贡献由南宋数学家秦九韶做出。现今的数学史著作几乎都会提到秦九韶（公元1202—1261年）和他的数学著作《数书九章》。在今四川安岳（这里被认为是秦的故乡）还有秦九韶纪念馆，甚至还命名了一所“秦九韶中学”。但对于秦九韶究竟是何等样人，除了“伟大的数学家”之外，通常就讳莫如深了。用现代的眼光看，秦九韶可能是中国历史上少见的奇人之一。

所谓“一次同余式”问题，最早可见《孙子算经》卷下

安岳修建的秦九韶纪念馆。图中匾上的八个字是“算书九章，中华之光”

第 26 题："今有物不知其数，三三数之乘二，五五数之剩三，七七数之剩二，问数几何？"用现代数学语言表示，就是求解一次同余式组：

$$N \equiv R_1 \pmod{3} \equiv R_2 \pmod{5} \equiv R_3 \pmod{7}$$

其解可表示为：

$$N = 70R_1 + 21R_2 + 15R_3 - 105P$$

这里 $P$ 为整数，在上述问题中，$R_1 = R_3 = 2$，$R_2 = 3$，取 $P = 2$，得到答案：$N = 23$。

在明朝程大位的数学著作《算法统宗》中，上述题解被写成一首在数学史上流传颇广的歌诀：

> 三人同行七十稀，五树梅花廿一枝，七子团圆正月半，除百零五便得知。

不能小看这道题目（在数字很小且只有三组的情况下，凑数字也能求出其解），它背后的学问还是很大的。在欧洲，大约在公元 10 世纪时开始出现讨论一次同余式问题的萌芽，而世界科学史上一连串辉煌的名字都曾和这个问题联系在一起：例如阿尔哈桑（Ibn al Haithan）、斐波那契（Fibonacci）、欧拉（L.Euler）、拉格朗日（J.Lagrange）、高斯（Gauss）……后来来华的传教士伟烈亚力（Alexander Wylie）将《孙子算经》卷下第 26 题介绍到了欧洲，1874 年 L. Methiesen 发表文章，指出《孙子算经》中的解法与高斯定理相合，于是西方人将其定名为"中国剩余定理"。

古代中国人注重实用，这个一次同余式问题也不是只拿来做数字游戏的。说大一点，它和中国古代的政治大有关系。中国古代将天文历法看作极其神圣的事物，在早期这曾经是王权确立的必要条件之一，后来则长期成为王权的象征。而在中国历法史上，曾有很长时期追求一个理想的时间起算点——这个起算点要从制定某部历法的当年向前逆推，被称为“上元积年”。在这个起算时刻，日、月、五大行星都恰好位于它们各自周期的起点，同时这个时刻又恰好是节气中的冬至，而这个时刻所在的这一天的纪日干支又要恰好是“甲子”，如此等等。要满足这么多的条件，就需要求解一个多达 9 项的一次同余式组，在没有计算机的时代，求解的计算工作量将达到骇人的地步。数学史家相信，在《孙子算经》中上述趣题出现之前，中国历法中已经使用一次同余式组来求解上元积年了。而南朝祖冲之《大明历》中的上元积年，就被认为是解算 9 项一次同余式组而获得的。唐代一行《大衍历》中的上元积年年数竟达 96 961 740 年，也被认为是求解一次同余式组而获得的。但是祖冲之和一行等人究竟是如何解算的，却一直没有人能够知道。

在这个问题上最重要的理论贡献，就是由秦九韶做出的。他在《数书九章》中给出了“大衍求一术”——即一次同余式问题的系统解法（用他的方法确实可以求出《大衍历》中的上元积年，尽管这还不足以证明一行就是用的这种方法）。这被认为是中国古代数学中的一项伟大成就，在世界数学史上也可以占据一席之地。

关于秦九韶究竟是何等样人，其实宋人文献中留下了相当丰富的记载，主要可见于周密（人名）的《癸辛杂识续集》卷下和著名词人刘克庄文集中的“缴秦九韶知临江军奏状”。秦九韶 18 岁就统帅私人武装，为人“豪宕不羁”，如果将他和意大利文艺复兴时期的那些风云人物相比，竟有几分相似：他多才多艺，懂得星占、数学、音乐、建筑，还擅长诗文，会骑术、剑术、踢球，等等。同时又利欲熏心，骄奢淫逸，热衷于做官，一心往上爬。秦九韶做过几任地方官，最后死在梅州任上。他最高做到大约相当于今天局级的官职。

秦九韶行为乖戾，出人意表，被他的同时代人认为是“不孝、不义、不仁、不廉”，平日横行乡里，恶霸一方，所以多次被褫去官职或取消任命。例如，在他担任地方长官的父亲宴客时，他带着妓女出席。又如，他竟能将他上司的田产“以术攫取之”，在其中建造他的超豪华庄园（他亲自设计那些奇特的房屋）。再如，他命令手下杀死自己的儿子，而且亲自设计了毒死、用剑自裁、溺死三种方案；当得知这名手下偷偷放了他儿子时，他竟巨额悬赏，满世界追杀儿子和这名手下。有一年夏天，秦九韶和一个他所宠爱的姬妾月夜在庭院中交欢，不意被一个汲水的仆役撞见，他认为那仆役有意窥探他的隐私，就诬告该仆役偷盗，将其送官，要求判仆役黥面流放。地方官认为该仆役罪不至此，没有按照秦九韶的要求判决，秦九韶为此怀恨地方官，竟企图将他毒死。当时的记载说秦九韶“多蓄毒药，如所不喜者，必遭其毒手”。

这就是被刘克庄称为“暴如虎狼，毒如蛇蝎，非复人类”的秦九韶。毫无疑问，他是一个疯狂的恶棍，但与此同时，他确实也是一个天才的数学家。我们甚至可以推想，如果他有时间或精力写下音乐或建筑方面的著作，也可能又有某项历史性的贡献。可惜他的绝大部分时间和精力，看来都耗费在放纵物欲上了。

# 日食的意义：从“杀无赦”到《祈晴文》

## 日食的科学意义已经消解殆尽

日食这种相当罕见的天象，在现代人看来，只是一种自然现象，当然也有一些科学意义。现代的媒体和受媒体左右的广大公众，通常总是将天文学冷落在一边，只有在日食、彗星之类异常天象出现时，天文学和天文学家才有机会来到媒体和公众的短暂注视中。

这次数百年一遇的日全食，全食带经过大量人口稠密的大都市。上海、杭州等处的风景点，日食发生之前好些日子就已经盛况空前，遍布各种临时营地，各国旅游者和天文爱好者铆足了劲，要在中国过一把瘾，出一把风头。东方卫视、山西卫视、上海电视台则联合中国科学院上海天文台和新浪网，派出多路记者，从印度到日本，横贯亚洲大陆，现场报道这场日全食的全过程。在这样的背景下，重新回顾日食意义的历史演变，倒也饶有趣味。

现代人经常喜欢赋予日食以某种“科学”意义，这样的

意义在中国古代也可以找到，尽管只能是表面上的——用日食来检验历法的准确程度。

对中国古代历法，许多人常有误解。可能是因为最初在翻译西文 calendar 一词时，随手用了中文里一个现成词汇“历法”，造成了这样的后果。其实能够和该词正确对应的现成中文词汇，应该是“历谱”。由于现在我们已经习惯了将“历法”对应于 calendar——即俗语所谓的“月份牌”，就渐渐忘记了在中文词汇中“历法”这个词的本义。

其实中国古代的历法，与西文的正确对应应该是 mathematical astronomy，即“数理天文学”。因为中国古代的历法，完全是为了用数学方式描述太阳、月亮、五大行星这七个天体（即所谓“七政”）的运行规律。至于排出一份历谱（“月份牌”），那只是历法中附带的小菜一碟。因此历法可以说是中国古代天学中真正“科学”的东西——尽管这科学工具是为“通天”巫术服务的，就像今天某些算命者手中的电脑。

由于在中国传统历法中，采用若干基本周期持续叠加的数值模型来描述七政运行，从历元（起算点）开始，越往后的年份叠加次数越多。而任何周期都是有误差的，随着叠加次数的增加，误差就会积累，这就是中国古代为何不断进行“改历”（制作新历法，改用新历法）的原因。

在上述七个天体中，太阳的运动最简单故最容易掌握，月亮的运动最复杂故最难以掌握，而日食是因为月亮的影子遮住太阳造成的，这就要求同时对太阳和月亮两个天体的运动都精确掌握，才可能正确预报一次日食。于是古人很自然地将日食视为检验历法准确程度的标尺。如果我们将“检验历法”视为日食的科学意义，那么这个科学意义在中国至少已经有两千年历史了。

在西方现代科学中，日食同样具有上述检验功能——看对太阳和月亮运动的描述是否精确。在现代天文学中，这种描述是以天体力学为基础的。不过因为这种描述在现代天文学中早已不是问题，所以已经没有人关注这一点了。

当天体物理学成为现代天文学的主流之后，日食有了一个新的科学意义——在日食时观测日冕。因为日冕平时是观测不到的。不幸的是，1931 年法国人发明了“日冕仪”，可以在任何时候造成“人造日食”来观测日冕，于是日食的这个科学意义又被消解。

日食有史以来最重大的科学意义，“呈现”于 1919 年。

1912 年，爱因斯坦发现空间是弯曲的，光线经过太阳边缘时会发生偏折，1915 年他计算出，日食时太阳边缘的星光偏折值是 1.74 角秒（在此之前，有人将光微粒视为有质量的粒子，也能够计算出 0.87 角秒的偏折值）。

适逢其会，1919 年 5 月 29 日将有日全食发生，人们当然指望在这次日食时一举将爱因斯坦的预言验证出个真假来——爱因斯坦本人则早已确信他的理论肯定是正确的。

较大的如，相传 1919 年爱丁顿爵士率队进行的日食观测验证了爱因斯坦关于引力导致光线弯曲的预言——现在我们知道，那次验证在相当程度上是不合格的，真正合格的验

证要到20世纪70年代中期才最终完成。

可以这么说，到1975年之后，日食的科学意义已经消解殆尽。如今日食倒是被赋予了新的意义——它现在是媒体和公众的“科普嘉年华”。如今日食更多时候被当作一种“科普活动”的节日，常年被媒体冷落在一边的天文学家，在日食的前后几天，会有难得的机会在媒体上露露面，谈谈日食的科学意义。

## 日食在古代中国的意义：上天示警

说句开玩笑的话，要是唐代有电视节目，那被请到电视上露面谈日食意义的，就会是僧一行之类的人物了。但是他们肯定主要是谈日食的“文化意义”——因为在中国古代，日食这一天象，被附上了太多的政治和文化。

古代皇家天学家的重要职责之一，就是预报日食。此事非同小可，如果失职，就有被杀头的危险！最著名的记载见于《尚书·胤征》：

> 惟时羲和，颠覆厥德，沈乱于酒……乃季秋月朔，辰弗集于房，瞽奏鼓、啬夫驰、庶人走，羲和尸厥官，罔闻知，昏迷于天象，以干先王之诛。政典曰：“先时者杀无赦，不及时者杀无赦。”

此即著名的“书经日食”。羲和（相传为帝尧所任命的皇家天学官员）因沉湎于酒，未能对一次日食作出预报，结果引起了混乱。这一失职行为给他带来了杀身之祸。注意这里“先时者杀无赦，不及时者杀无赦”（预报日食发生之时太早或太迟就要“杀无赦”）之语，若古时真有这样的“政典”，未免十分可怕。从后代有关史实来看，这两句话大致是言过其实的。有西方学者解读为：中国古代的天文学家羲和，因为酗酒，未能及时预报一次日食，就受到了死刑的惩罚，从此以后中国的天文学史再也不敢玩忽职守了——所以中国人留下了如此丰富的天象记载。这段有点“戏说”色彩的解读，大体还是正确的，尽管玩忽职守的天文学家在中国也不是那么难以想象的。

上述《尚书·胤征》中的记载涉及日食最早的意义——上天的警告。日食之所以需要预报，最直接的原因就是需要在日食发生时进行盛大的“禳救”仪式，而这种巫术仪式是需要事先准备的。

要是觉得“书经日食”毕竟属于传说时代，尚难信据，那还可举较后的史事为例，比如《汉书》卷四“文帝纪”所载汉文帝《日食求言诏》：

> 朕闻之：天生民，为之置君以养治之，人主不德，布政不均，则天示之灾以戒不治。乃十一月晦，日有食之，谪见于天，灾孰大焉！朕获保宗庙，以微眇之身托于士民君王之上，天下治乱，在予一人……朕下不能治育群生，上以累三光之明，其不德大矣。今至，其悉思

> 朕之过失，及知见之所不及，匄以启告朕。

汉文帝相信日食是上天对他政治还不够清明所呈示的警告，因此下诏，请天下臣民对自己进行批评，指出缺点过失——类似于现代的“开门整风”。

将日食视为上天示警，这一观念在古代中国深入人心。所谓示警，意指呈示凶兆，如不及时采取补救措施，则种种灾祸将随后发生，作为上天对人间政治黑暗的惩罚。以下姑引述经典星占文献中有关材料若干则为例：

> （日食）又为臣下蔽上之象，人君当慎防权臣内戚在左右擅威者。（《乙巳占》卷一日蚀占）
>
> 无道之国，日月过之而薄蚀，兵之所攻，国家坏亡，必有丧祸。（同上）
>
> 人主自恣不循古，逆天暴物，祸起，则日蚀。（《开元占经》卷九引《春秋纬·运斗枢》）

《史记》卷二七“天官书”所言最能说明问题：

> 日变修德……太上修德，其次修政，其次修救，其次修禳，正下无之。

“修德”是最高境界，较为抽象，且不是朝夕之功，等到上天示警之后再去“修”就嫌迟了。“其次修政”就比较切实可行一些，汉文帝因日食而下诏求直言，可以归入此类。再其次的“修救”与“修禳”，则有完全切实可行的规则可循，故每逢日食，古人必进行“禳救”：在天子，有“撤膳”（减少公款吃喝）、“撤乐”（暂停音乐伴奏）、“素服”（不穿豪华礼服）、“斋戒”（不和美女上床）等举动；在臣民，则更有极为隆重的仪式。《尚书·胤征》中羲和未能及时预报日食之所以会引起混乱，就是因为本来应该事先准备的盛大“禳救”巫术仪式来不及举行了。

## 迷信与科学

不过，到了后世，如果日食预报失败，也有“转祸为福”之法，例如《新唐书》卷二七“历志三·下”记载：

> （开元）十三年十二月庚戌朔，于历当蚀太半，时东封泰山，还次梁、宋间，皇帝撤饍，不举乐，不盖，素服，日亦不蚀。时群臣与八荒君长之来助祭者……不可胜数，皆奉寿称庆，肃然神服。

东封泰山，即所谓“封禅”，被认为是极大功德，历史上只有少数帝王获得进行此事的资格。归途中预报的日食届时没有发生，被解释为皇帝“德之动天”，所以群臣称庆。但毕竟不可否认，这次日食预报是错误的，对此如何解释？

唐代僧一行——中国历史上最重要的几个天学家之

一——有著名的《大衍历议》，其中讨论当食不食问题，对于上引玄宗封禅归途中这次当食不食，他的解释是：“虽算术乖舛，不宜如此，然后知德之动天，不俟终日矣。”他表示相信，在上古的太平盛世，各种“天变”可能都不存在（这是古代天学家普遍的信念）：“然则古之太平，日不蚀，星不孛（不出现彗星），盖有之矣。”在他看来，历法无论怎样精密，也不可能使日食预报绝对准确，因为：

1936 年日本“枝幸寻常高等小学校”为各国观测队顺利进行日食观测而张贴的《祈晴文》，见《民国二十五年六月十九日日全食北海道队观测报告》

> 使日蚀皆不可以常数求，则无以稽历数之疏密；若皆可以常数求，则无以知政教之休咎。

这是说，如果日食完全没有规律，那历法的准确性就无从谈起；但如果每次日食都有规律可循，那就无法得知上天对人间政治优劣所表示的态度了。我们甚至还可以猜测：这次错误的日食预报本来就是故意做出的——目的就是向群臣显示皇帝“德之动天”。

即使到了20世纪，“科学昌明”的年代，关于日食也还能找出相当“文化”的八卦来。例如，1936年的日食，各国派出观测队前往日本北海道北见国枝幸郡海滨的一个小村庄枝幸村进行观测，当地的小学“枝幸寻常高等小学校”为日食观测时能有晴天而贴出了一篇《祈晴文》。其中谈到日食在科学上的重要性，以及此次观测机会之“千岁一遇”，因此祈求上天降恩放晴。天文观测本是科学，求雨祈晴则是迷信，但在这个具体事件上，两者竟可以直接结合起来——以迷信形式，表科学热情，真是相当奇妙的事情。

# FBI 监控爱因斯坦：一种科学政治学

## 我本将心托明月，谁知明月照沟渠

在 1933 年纳粹掌握德国政权前夕，爱因斯坦流亡到了美国。1940 年 10 月 1 日，在第二次世界大战的连天烽火中，爱因斯坦和他的养女玛戈、秘书杜卡斯宣誓成为美国公民。1955 年 5 月，爱因斯坦在美国去世，艾森豪威尔总统在悼词中说：“他在追求知识和真理的过程中，于此地找到了自由的气息，为此美国人民深以为傲。”

然而，爱因斯坦本人对美国的观感，却有与此大相径庭者。

在 1948 年 7 月 1 日的晚宴中，爱因斯坦对波兰驻美国大使说了这样一番话：“我想你现在应该意识到，美国再也不是一个自由国家了。我们这段谈话一定有人正在录音。这个大厅装了窃听器，我的住所也受到严密监视。”

在 FBI（联邦调查局）的秘密档案中，爱因斯坦在 1947 年 12 月做过如下声明：“我来到美国是因为我听说在这个国家里有很大、很大的自由，我犯了一个错误，把美国选作自由国家，这是我一生中无法挽回的错误。”

1983 年，FBI 关于监控爱因斯坦的秘密档案开始解密。对于这批总共厚达 1427 页的秘密档案，《新爱因斯坦语录》（*The New Quotable Einstein*）的编者艾丽斯 · 卡拉普赖斯（Alice Calaprice）表示“我看到的东西使我难以置信”，如此粗暴地侵犯个人——而且是世界上最伟大的科学家——的私人生活，竟会发生在一贯标榜“自由”的美国？但事实真的如此。卡拉普赖斯建议读者阅读弗雷德 · 杰罗姆（Fred Jerome）的著作《爱因斯坦档案》（*The Einstein File*），因为后者全面研究了这批档案。

FBI 的秘密档案表明，早在 1932 年底，对爱因斯坦的指控已经出现在美国。在一封由“爱国女性协会”提交给美国国务院的 16 页控告信中，爱因斯坦被说成是共产党人和无政府主义者“公认的世界领袖”，信中甚至说：“和阿尔伯特 · 爱因斯坦有牵连的无政府共产主义国际团体多如过江之鲫，即使斯大林本人也望尘莫及。”这样荒唐的信件居然会被转交到美国驻柏林领事馆，导致对爱因斯坦去领事馆“面签”时遭遇特殊审查。结果爱因斯坦大光其火拂袖而去，愤怒质问“这是什么，宗教法庭吗？”并在电话中告诉领事馆，如果他 24 小时内拿不到签证，美国之行就告取消。领事馆这才赶紧发出了爱因斯坦的签证。

但是这封指控信件此后就成为 FBI 为爱因斯坦建立的秘密监控档案的开头 16 页。而 FBI 后来对爱因斯坦及与他

往来人物的监控行动，包括窃听电话、偷拆信件、搜检垃圾桶、进入办公室和住宅秘密搜查——简直太像好莱坞警匪片中的老套情节了。

## 爱因斯坦被排除在“曼哈顿计划”之外

爱因斯坦一生当然与许多名人有书信往来，但是这些信件中对人类历史影响最大的，毫无疑问是他致罗斯福总统的两封信。1939 年 8 月 2 日的信是匈牙利物理学家齐拉德（Leo Szilard）为他起草的，信中指出了制造原子弹的可能性，并对纳粹德国可能率先造出这种超级炸弹提出了警告。由于感到总统迟迟没有采取有力行动，爱因斯坦在次年 3 月又给罗斯福写了第二封信。到 1941 年，美国政府终于决定抢在德国之前造出原子弹，这就是后来著名的“曼哈顿计划”。

这项秘密计划当然需要顶尖科学家的参与，在最初提出的 31 位科学家名单中包括了爱因斯坦，但是负责对这些科学家进行“政审”的陆军情报署求助于 FBI，结果 FBI 提交了这样的结论：“鉴于爱因斯坦博士的激进背景，本局不推荐雇佣他从事机密性质的工作，除非经过极其审慎的调查。因为像他这样背景的人，似乎绝无可能在如此短的时间内变成一个忠贞的美国公民。”于是爱因斯坦竟被排除在本来是发端于他本人向罗斯福总统建议的“曼哈顿计划”之外。

爱因斯坦“政审”未能通过的情形，从来没有向他本人告知过。不过以爱因斯坦的智慧，他很快也就心知肚明了。

Albert Einstein
Old Grove Rd.
Nassau Point
Peconic, Long Island

August 2nd, 1939

F.D. Roosevelt,
President of the United States,
White House
Washington, D.C.

Sir:

Some recent work by E.Fermi and L. Szilard, which has been communicated to me in manuscript, leads me to expect that the element uranium may be turned into a new and important source of energy in the immediate future. Certain aspects of the situation which has arisen seem to call for watchfulness and, if necessary, quick action on the part of the Administration. I believe therefore that it is my duty to bring to your attention the following facts and recommendations:

In the course of the last four months it has been made probable - through the work of Joliot in France as well as Fermi and Szilard in America - that it may become possible to set up a nuclear chain reaction in a large mass of uranium,by which vast amounts of power and large quantities of new radium-like elements would be generated. Now it appears almost certain that this could be achieved in the immediate future.

This new phenomenon would also lead to the construction of bombs, and it is conceivable - though much less certain - that extremely powerful bombs of a new type may thus be constructed. A single bomb of this type, carried by boat and exploded in a port, might very well destroy the whole port together with some of the surrounding territory. However, such bombs might very well prove to be too heavy for transportation by air.

-2-

The United States has only very poor ores of uranium in moderate quantities. There is some good ore in Canada and the former Czechoslovakia, while the most important source of uranium is Belgian Congo.

In view of this situation you may think it desirable to have some permanent contact maintained between the Administration and the group of physicists working on chain reactions in America. One possible way of achieving this might be for you to entrust with this task a person who has your confidence and who could perhaps serve in an inofficial capacity. His task might comprise the following:

a) to approach Government Departments, keep them informed of the further development, and put forward recommendations for Government action, giving particular attention to the problem of securing a supply of uranium ore for the United States;

b) to speed up the experimental work,which is at present being carried on within the limits of the budgets of University laboratories, by providing funds, if such funds be required, through his contacts with private persons who are willing to make contributions for this cause, and perhaps also by obtaining the co-operation of industrial laboratories which have the necessary equipment.

I understand that Germany has actually stopped the sale of uranium from the Czechoslovakian mines which she has taken over. That she should have taken such early action might perhaps be understood on the ground that the son of the German Under-Secretary of State, von Weizsäcker, is attached to the Kaiser-Wilhelm-Institut in Berlin where some of the American work on uranium is now being repeated.

Yours very truly,
A. Einstein
(Albert Einstein)

1939年8月2日，爱因斯坦致罗斯福总统的信

THE WHITE HOUSE
WASHINGTON

October 19, 1939

My dear Professor:

I want to thank you for your recent letter and the most interesting and important enclosure.

I found this data of such import that I have convened a Board consisting of the head of the Bureau of Standards and a chosen representative of the Army and Navy to thoroughly investigate the possibilities of your suggestion regarding the element of uranium.

I am glad to say that Dr. Sachs will cooperate and work with this Committee and I feel this is the most practical and effective method of dealing with the subject.

Please accept my sincere thanks.

Very sincerely yours,
Franklin D. Roosevelt

Dr. Albert Einstein,
Old Grove Road,
Nassau Point,
Peconic, Long Island,
New York.

1939年10月19日，
罗斯福总统复信爱因斯坦

所以当“曼哈顿计划”的负责官员后来请他担任“顾问”时，他一口拒绝了。

与陆军方面对爱因斯坦缺乏信任不同，美国海军却愿意信任爱因斯坦。1943年，爱因斯坦担任了海军潜艇作战和烈性炸药方面的科学顾问。他对于这项工作相当高兴，有时还会向朋友夸耀。当然世界大战很快就结束了，他的这项工作只持续了一年多。

非常荒诞的是，在二战结束后，对爱因斯坦的严密监控反而进一步展开了。FBI的一些低级特工们，一直将爱因斯坦视为可能向国外泄露美国核武器机密的嫌疑人（特别是爱因斯坦担任“原子能科学家紧急委员会”主席之后），因为他们的首领——局长胡佛（J.Edgar Hoover）——并未告诉那些属下，他早已成功地将爱因斯坦排除在“曼哈顿计划”之外了，爱因斯坦其实无密可泄。

## 政治这一潭污水啊

爱因斯坦虽然无密可泄，胡佛却依然不肯放过他。据说这与胡佛和罗斯福总统的遗孀埃莉诺·罗斯福（A.Eleanor Roosevelt）相互之间的极度恶感有关。埃莉诺曾对罗斯福总统说：“我们在培植美国的盖世太保，这让我害怕。”而胡佛则曾对副手说：“知道我为什么一直不结婚吗？因为上帝造出了埃莉诺·罗斯福这样的女人。”

1950年2月12日，埃莉诺主持的电视谈话节目《今夕与罗斯福夫人对谈》邀请爱因斯坦作为嘉宾，爱因斯坦在节目中警告公众说：氢弹这样的核武器可能会导致人类的灭亡。第二天胡佛就下令强力展开清算爱因斯坦的行动。这一阶段行动的主题，是要证实爱因斯坦是共产党间谍。

当时麦卡锡主义正在美国大行其道，许多知名人物被怀疑或指控为共产党。偏偏爱因斯坦有点左倾，有时会公开为被指控的人士辩护。在FBI整的爱因斯坦“黑材料”中，爱因斯坦至少和33个“反动组织”（有时就被称为“共产党组织”）有着种种关联，比如担任荣誉会长、代言人、担保人、赞助人、文件的联名签署人，等等。于是FBI根据一些捕风捉影甚至胡编乱造的所谓“线索”，在美国和欧洲到处调查，虚耗了美国纳税人不知多少金钱，最终却一无所获。

另一条针对爱因斯坦的“战线”，是美国移民局在1950年开辟的。移民局也求助于FBI，要求帮助收集证据，目的竟是要撤销爱因斯坦的美国公民身份，并将他逐出美国！这一请求当然正中胡佛下怀，FBI全力配合。这条“战线”上的荒诞故事，和“爱因斯坦间谍案”正相伯仲，最终也一无所获。

爱因斯坦晚年在美国和全世界享有极其崇高的声誉，这确实是事实；他在普林斯顿享受着类似“奥林比斯山上的诸神”那样的尊崇，这也是事实。但是在这些事实的背后，FBI就像一个阴魂不散的小人，一直在暗中纠缠着爱因斯坦。直到1955年爱因斯坦因病逝世，对他的监控活动才告结束。

这不完全是因为爱因斯坦人已去世不会再当间谍（间谍

案可以在人死后继续深挖），也和麦卡锡主义恰好在此时退潮有关（1954 年 12 月 1 日，美国参议院通过法案，谴责麦卡锡的政治迫害行为）。还因为持续多年的监控活动实在挖不出爱因斯坦任何对美国不“忠贞”的证据，胡佛自己也已经气馁。从解密档案来看，他在爱因斯坦去世前夕已经打算结束这项徒劳无功的监控计划了。

胡佛从 1924 年起任联邦调查局局长近半个世纪，经历八位美国总统，直至他 1972 年死去，无人敢撤换他。

# 全球变暖：幻影中的科学政治学

## 戈尔的煽情纪录片

美国前副总统戈尔主持的纪录片《难以忽视的真相》(*An Inconvenient Truth*，2006）中，有一个相当搞笑的情节：大屏幕上显示着一千年来地球的碳排放曲线，戈尔为了强调该曲线右端近年的剧烈上升，站上了一架折叠升降机，一边嘴里嘀咕着“希望我不会摔死”，一边上升到了接近天花板处。这一行为艺术当然让现场听众笑了起来，同时也达到了加深听众印象的效果。

戈尔为何要如此强调这条曲线？因为他相信一个理论：工业二氧化碳排放导致地球温室效应加剧，从而使得全球变暖，而这条曲线和一千年来地球气温变化是同步的。

也就是说，从一千年的时间尺度来看，地球气温在近几十年急剧上升。

所以，全球变暖被认为是一个事实。

戈尔极力宣传全球变暖的危害和环保的必要性，在国际

《难以忽视的真相》纪录片海报

上有一定市场，在中国也有相当影响。最近与上述纪录片对应之书的中译本也出版了，而“全球变暖”也被许多中国官员和媒体接受为一个事实。

但另一方面，也有不少人认为，所谓的“全球变暖”是弥天大谎，是骗局，是阴谋。这种“阴谋论”得到一些美国和西方学者的赞同——甚至最初就是他们提出来的，但它也被不少中国公众所接受，或者被认为“至少有几分道理”。

如果真是阴谋，那这阴谋是针对谁的呢？

其实“全球变暖”问题远不是一个“变暖”或“不变暖”的简单问题，它至少包括这样三个问题：①全球到底是不是真在变暖？②全球变暖真是过多碳排放造成的吗？③即使全球确实变暖了，就真会引发灾难吗？戈尔对这三个问题的答案都是肯定的。

事实上，“全球变暖”争议有非常复杂的背景，是当代“科学政治学”的典型个案。

## “曲棍球杆曲线”之学术造假

要使全球变暖被广大公众接受为一个“科学事实”，当然要提供“科学证据”。

这些证据中占有核心地位的是一条得名为“曲棍球杆”（hockey stick）的著名曲线，其实就是戈尔极力强调的那条曲线，形状也基本一样——只不过它是直接陈述过去一千年地球的气温情况。曲线基本是水平的，只在右端明显翘起，

状如曲棍球杆，故得此名。这条曲线是一个名叫米歇尔·曼恩（Michael Mann）的学术新秀在1998年、1999年的两篇论文中公布的，描述的是公元1000—1980年间的地球气温变化。前一篇文章发表在著名的《自然》杂志上（*Nature*，392，779—787）。

曼恩的文章发表后，受到“政府间气候变化专门委员会”（Intergovernmental Panel on Climate Change，IPCC）的高度重视，很快广泛传播，被数以千计的报告和出版物引用，也被克林顿政府当作全球变暖事实的证据。资历尚浅的曼恩本人也立马平步青云，被任命为IPCC有关气候报告的执笔人。

但是这条“曲棍球杆曲线”不久就被两位加拿大学者（S. McIntyre和R. McKitrick）揭露，它根本就是错误的。例如，曼恩选择北美西海岸山区的狐尾松（bristlecone pine）年轮来描述历史上的气候温度，然后赋予它在统计学上站不住脚的权重，使得构造出来的地球历史气温曲线符合自己的需要。

两位加拿大学者的指控相当严厉，2004年曼恩不得不在《自然》杂志上刊登了一份“更正错误”的声明（*Nature*，430，105），不过他在声明中辩解说，这些错误“没有影响我们以前公布的结果”。

但这项指控引起美国国会的关注，能源与商业委员会委托当时美国国家科学院应用与理论统计学委员会主席E. Wegman教授组织专门小组进行调查。2006年Wegman提交了调查报告：断定曼恩的研究方法是错误的，所以他论文中的分析无法支持他的结论。

至此，“曲棍球杆曲线”变成学术丑闻。这一丑闻使得“全球变暖”理论失去了一个重要支撑。由此引发一波从学术上清算“全球变暖”的浪潮，结论是对上一小节中的三个问题全部给出否定答案。

但是，如果我们将上述争议视为一起“学术造假”，并且产生朴素义愤的话，那就太单纯了。例如：曼恩作为一个学术新人野心勃勃急于上位，有学术造假的动机还可以理解，但 IPCC 又有什么动机要造假呢？

## “全球变暖”与《京都议定书》

这就要引导到国际上的环境问题了——环境问题正在成为 21 世纪最大的政治问题。

在某些美国学者看来，“全球变暖”问题背后隐藏着这样一条线索——“曲棍球杆曲线”支持了 IPCC 关于全球变暖的报告，IPCC 的报告支持了《京都议定书》，而《京都议定书》被视为戈尔为竞选总统所作的政治秀。

《京都议定书》（*Kyoto Protocol*）是一种国际条约，正式名称是《联合国气候变化框架公约的京都议定书》，它是《联合国气候变化框架公约》（*United Nations Framework Convention on Climate Change*，*UNFCCC*）的补充条款。1997 年 12 月由联合国气候变化框架公约参加国会议在日本

京都制定，目标是“将大气中的温室气体含量稳定在一个适当的水平，进而防止剧烈的气候改变对人类造成伤害”。《京都议定书》已经于2005年2月16日开始强制生效。至2009年2月共有183个国家通过了该条约，但偏偏美国没有签署。

一些美国人认为，《京都议定书》提议由美国和第一世界的发达国家来承担全部的气候保护责任，是不公平的。美国国会参议院事先就宣布它不会批准《京都议定书》。2001年布什政府以“减少温室气体排放将会影响美国经济发展”和“发展中国家也应该承担减排和限排温室气体的义务”为理由，拒绝批准执行《京都议定书》。

中国早在1998年就签署了《京都议定书》。按照其中规定，中国作为发展中国家，在第一阶段不承担二氧化碳减排任务。

在今天的时代，还很少有普世的“政治正确”。对于不同的民族国家，“政治正确”经常有着不同的含义。例如，对于中国人民，只有不侵害中国国家和人民根本利益的主张，才有可能是政治正确的。从这个意义上来说，戈尔的上述主张，《京都议定书》中要求美国和发达国家率先节能减排的主张，对中国来说可以算是政治正确的——尽管它被一些美国人视为“政治不正确”。

当然，戈尔也不是美国的“卖国贼”，因为《京都议定书》毕竟也符合美国人民的根本利益——比如在《难以忽视的真相》中，戈尔明确指出美国的二氧化碳排放量超过了中、日、俄等国排放之和，那么要保护世界气候环境，美国当然应该带头，保护了环境美国人民同样蒙受其利。这恐怕也是戈尔为何能得到相当多美国人拥护的原因吧。

面对上面这场公案，我们能得出什么结论呢？我想至少有三条：

1. 即使是“政治正确”的主张，也不能靠学术造假来支持。

2. 世界上既有“政治正确”的伪科学，也有“政治不正确”的真科学。

3. 不管“全球变暖”是真是假，我们都应该保护环境。

# 饮用水加氟：一个温故知新的故事

最近关于转基因稻米的争论日益加剧，这让我想起半个世纪前美国曾经发生的一场关于饮用水加氟的争论，回顾这场争论中的一些情节，对于眼下国内的转基因稻米争论，也许不无某种参考价值。

早在20世纪初，牙医们已经发现，有些人牙齿上的色斑与他们饮食中摄入的氟（fluorine）元素有关，但是有这种色斑的人，他们的牙齿往往反而更健康，龋齿更少发。这种现象有地域性，医生们发现这是因为各地饮用水中氟的含量不同所致。于是推测，摄入少量氟，可能能够有助于防止儿童龋齿。不久美国公共卫生署（USPHS）对五个州的13岁儿童进行调查，证实了上述猜测。这个结论也被其他一些国家的类似调查所证实。

由于氟是一种相当毒的物质，如果长期摄入剂量过高的氟，可能导致癌症、神经疾病以及内分泌系统功能失常之类的后果，所以为防止龋齿而摄入氟的方式很有讲究。服用药片或含氟的食品添加剂，当然可以摄入氟，但容易出危险，而在饮用水中添加适量的氟，被认为是比较安全的方式。

到 1945 年，美国公共卫生署开始在纽约等地进行对照实验，来检验摄入氟化物防止龋齿的假说。原定要持续十年，但到 1950 年，他们发现摄氟儿童龋齿发病率下降了 50% 以上，遂宣布实验已经得出结论，建议在饮用水中缺少天然含氟量的地区可向公共饮用水中添加适量的氟。为这个结论担保的组织有美国医学会和一些牙医协会。

事情到这一步，要让今天的唯科学主义者看来，那就很简单了——既然已经得到“专业”医学机构的认可，饮用水加氟在科学上已经“正确”无疑，那还等什么？只消国家有关部门一声令下，向全国缺少天然氟的各地饮用水中加氟即可。可是在美国当年，为了饮用水加氟这件事，爆发了全国性的剧烈争论，持续十几年之久——事实上直到今天也没有完全平息。从 1950 年至 1966 年，美国为了饮用水加氟问题举行的公民投票，竟达 952 次之多！而这些公民投票中的将近 60%（566 次）是反对加氟的一方获胜。

在这场争论中，美国政府有关部门和科学家是一方，许多公众是另一方。据说赞成加氟的一方中，通常以社会地位较高、受教育程度较高的人士为多（社会地位和受教育程度本来大体上就是正相关的）；而反对加氟的一方中，当然也有科学家和知识分子，但总体上以社会地位较低的蓝领居多。这当然可以解释为，受教育程度较高的人群更容易相信

有官方机构和医学会担保的“科学结论”。

值得注意的是，在这场争论中倒似乎看不见利益集团的影子——这种利益集团目前在中国的类似争论中却是经常可见的。首先饮用水加氟不是什么大生意，成本很低，没什么好争夺的。其次，牙医协会支持加氟，看来还是出以公心的，如果他们医德败坏，那就应该站在反对加氟的一方——让龋齿病人更多，牙医不是更能赚钱吗？

在美国，饮用水加氟的主张最终占了上风，现在有1.7亿美国人生活的社区公共饮水中加了氟。饮用水加氟还被美国人视为20世纪公共卫生十大成就之一。不过许多欧洲国家并未在这个问题上追随美国，中国也是如此。

对于这场饮用水加氟争论，后来的研究者归纳为三个主要问题：①有效性；②安全性；③个人权利。

对于有效性，似乎双方都无异议。安全性就比较有争议了，因为氟本身是有毒物质，现在要将它加到日常饮用的水中，难免令人有所忧虑。虽然科学家一再说明微量的氟加入饮用水中有益无害，但这是一个相当抽象的结论，对于受教育程度不高的人来说，自己的知识不足以判断此事，却要将自己和孩子的健康安全寄托在陌生人的担保上，难免感到不踏实。毕竟，我们饮用没有加过氟的水已经千万年了，不也好好的吗？

在今天看来，最有意义的争议焦点是个人权利。即使我承认饮用水加氟防龋齿有效，对人体也安全，但我就是不愿意喝这种水，难道不可以吗？为什么我喝原先的水的权利要被剥夺？这个抗争理由即使到了今天也仍然可以成立，因为尊重个人自由是美国的基本信条。四十年后（1990 年），美国一位专栏作家（J. J. Kilpatrick）回顾此事时这样说：“倘若必须在失去一颗臼齿和失去一种自由之间作出选择，那么宁愿失去臼齿。”

况且，这类涉及人体健康的问题，其有效性和安全性都不像物理学问题那样可以得出精确的结论，任何专家的结论都只是一个概率。这种局限当然会加剧公众对饮用水加氟的疑虑。

最近北京大学刘华杰教授在谈到转基因稻米时说：“哪怕从科学上 100% 地证明了某物是安全的（这是不可能的），如果百姓觉得它不安全，不购买它，那么它就是不安全的。”有人觉得这话荒谬绝伦大逆不道，其实是因为他们自己至今还陷溺在唯科学主义的泥潭中无力自拔。事实上，刘华杰教授的话虽然有一点修辞色彩，却是非常深刻的——因为不存在“纯客观”的安全性，任何安全性都有社会建构的成分；当公众还认为饮用水加氟或转基因稻米不安全时，就意味着它们的安全性尚未建构完成。

我在这里将饮用水加氟和转基因稻米争论联系起来，并不是想祝愿转基因稻米有朝一日在中国能如饮用水加氟在美国那样大行其道。恰恰相反，我认为应该从饮用水加氟的故事中，获得如何对待转基因稻米的有益参考。为此，我们不妨将这两者做一些比较。

饮用水加氟与眼下的转基因稻米相比，有如下异同：

有效性：饮用水加氟能够减少龋齿。转基因稻米能够入口，能够下咽，能够充饥。两者都属有效。

安全性：已经半个多世纪了，饮用水加氟在美国和一些国家基本上被认为是安全的。转基因稻米的安全性则目前尚在剧烈争论中——有人建议国内那些研发者和力挺者自己先食用转基因稻米，以便祛除公众对此的疑惑，却被研发者斥之为“不可行的”。

必要性：饮用水加氟能够减少龋齿，确实有一定的必要性，尽管不加氟也不会产生太大的问题——毕竟人类千万年来一直在饮用没有加氟的水。而就转基因稻米来说，目前中国并无粮食匮乏之虞，推行转基因稻米没有什么必要性。

个人权利：在公众的饮用水中加氟，被认为是对不愿意饮用加氟水的那部分公众个人权利的侵害，这一点直到今天仍然被认为是可以成立的。如果有一天，绝大部分中国人民不得不食用转基因稻米——这样的场景正是转基因稻米的研发者和力挺者梦寐以求的，那当然就是对不愿意食用转基因稻米的那部分公众个人权利的侵害。

利益集团：饮用水加氟背后基本上没有利益集团，因为这是种低成本的公共措施，没有人能够从中发大财。转基因稻米背后则有明显的利益集团，国际资本或明或暗地利用转基因植物打败发展中国家的传统种植产业，已经上演过许多次了。

那么，我们应该如何看待眼下的转基因稻米呢？饮用水加氟的故事和上面的比较，或许对我们做出自己的判断不无帮助。

# 毒品大麻：一个科学研究的故事

大麻现在已经被世界许多国家和地区认定为毒品，但是这个毒品是用现代科学技术培植起来的。

## 前毒品时代的大麻逸史

大麻（Cannabis）原先只是被当作获取纤维的植物，曾经广泛种植。中国被认为是大麻的原产地，在中国据说已有六千多年的种植历史。大麻的身世本来是很清白的，比如唐人孟浩然《过故人庄》有“开轩面场圃，把酒话桑麻”之句，不能想象他是在和故人谈论吸毒贩毒或制毒生意吧？至于《水浒》中阮小五唱的歌谣“打鱼一世蓼儿洼，不种青苗不种麻”，他那种人和毒品沾边倒还颇近情理——不过那时大麻并非毒品，种麻当然也是不犯法的。

中医将大麻作为药用，而在中亚大麻很可能一千年前就被用作迷幻药了。有一个在西方广泛流传的故事，是马可·波罗在他的《游记》中传给西方人的，即著名的“山中老人”和他那些杀手的故事（卷一第40—41章）。

公元11世纪时，在中亚地区盘踞着一伙令人闻风丧胆的匪帮，首领称为“山中老人”（Ala-eddin），他手下有一群穷凶极恶、毫不畏死的杀手，称为“哈昔新”（Hasisins）。周边各国王公贵族，任何人只要得罪了山中老人，必遭杀手暗杀，而且这些杀手执行命令时不畏艰险，万死不辞。山中老人为何能令他的杀手视死如归？因为他有特殊的训练之法：

他在两山间的深谷中秘密建造了一处花园，里面琼楼玉宇，美女如云，简直就是人间天堂。山中老人平时对杀手们进行“思想教育”：只要服从他的命令，死后必登天堂，将有享不尽的口腹之欲，声色之娱。然后找机会让杀手们服迷幻药——研究此事的学者相信就是印度大麻（印度大麻在英语中是“Hashish”，而山中老人那些杀手的名称是“Hasisins”，有“吸食大麻者”之意），当众杀手进入昏迷状态时，将他们送进那个秘密花园。众杀手醒来，忽见置身仙境，美酒佳肴自不待言，更有多情美女投怀送抱，让人真个销魂。惊问此间是何去处？则被告知，此天堂也。不久众杀手又再次服药昏迷，重新被送回山中老人面前。从此他们坚信真有天堂，只要服从命令，死后就可在那里永生。如此则执行任务时，自然就奋不顾身、视死如归了。

## 大麻管制越来越严

到了20世纪，在西方文化人那里，吸食大麻曾经是一种时尚，一种摩登。例如著名科学家、科普作家卡尔·萨根（Carl Sagan）1971 年曾匿名发表了一篇“非常认真、非常精彩的谈论自己吸食大麻的体验的文章”。萨根将这种体验归结为对生命性质的“纯然的洞见。……它们所激发出来的那些感知上的转换和精神习惯上的突破，成为这样一些方式和模式，我们藉此想象性地转变精神上的和文化上的既定之物”——说白了就是吸食大麻，在迷幻状态中寻求灵感。

从 20 世纪 60 年代开始，大麻作为一种麻醉品开始流行，大麻的种植开始受到管制。70 年代中期以前，美国人吸食的大麻主要来自墨西哥。后来墨西哥政府在美国的要求之下，开始用除草剂喷杀大麻。但是即使到了 1982 年的美国，对于吸食大麻也还只有“一个象征性的法律惩罚”。此前美国总统卡特还曾提出过不再将大麻列入刑法管理范围的提案——据说是因为他的几个儿子和他的药物总管都是吸食大麻的。大约从 80 年代开始，美国不再允许在户外公开种植大麻了。

## 美国人在荷兰的“大麻科研”

但进入 90 年代，荷兰却开始在大麻历史中扮演起特殊角色。种植大麻在荷兰虽然也不是“真正合法”，但有几百个“咖啡店”拥有销售大麻的执照，因此荷兰官方允许小规模种植大麻向这些商店供货。于是荷兰很快成为大麻种植的天堂。

要让大麻种植成为一个有利可图的产业，需要解决两个重要问题：

1. 大麻原是热带植物，通常在北纬 30° 以北地区它们就不会开花了——而迷幻成分正在它们的花蕾里。但是北美大陆恰恰是在北纬 30° 以北，荷兰的纬度更是在北纬 50° 以北，因此必须寻求在更北方的地区可以生长、可以开花的大麻品种。

2. 大麻之所以能够对人产生迷幻作用，主要是因为其中一种被称为“四氢大麻酚”的物质成分。但是在作为纤维植物的大麻品种中，四氢大麻酚的含量是微不足道的。因此将大麻作为一种迷幻药物来种植时，必须寻求或培育出四氢大麻酚含量尽可能高的品种。

这时科学技术介入进来了，大麻的历史就出现了戏剧性的变化。

第一个问题到 20 世纪 70 年代末就解决了。种植者们找到了一种印度品种，植株个小，但是耐寒。接下来是一系列的杂交试验，培育出不少“优良品种”。这种杂交被称为“大麻遗传学上的伟大革命”。这些“大麻科研”很多是由美国人完成的（他们跑到荷兰去种大麻），“如今，美国的大麻遗传学被普遍认为是世界上最好的”。第二个问题也很快得到解决。一般大麻中的四氢大麻酚含量只有 2%—3%，但是在“精育无籽大麻”中可以达到 5%—8%，后来在一些品种中可以达到 15%，甚至 20%。结果是，那些大麻的“优良品种”，不仅可以在北方生长开花，而且四氢大麻酚的含量非常之高。

对于追求四氢大麻酚的大麻种植者来说，大麻的雄株是极为有害的。因为只要雌株未被授粉，它就继续不停地产出新的花萼，继续不停地增加花的长度，“在这样一种永久的性交遇挫状态中，大麻也继续产生出大量四氢大麻酚含量很高的汁脂”。但是只要有哪怕几粒花粉到达雌株，这个过程就会立即中断，大麻就“毁了”。为此大麻种植者要消灭一切雄株。后来他们发现，用扦插来繁殖大麻雌株——从成熟的雌株上取下切条——是最理想的方法，这样就只有雌株了。

随着技术手段的进一步运用，大麻种植逐渐呈现出惊人的异状——最后那简直已经不是种植了。人们将大麻密植在室内极小的空间里，用钠灯的照射来代替阳光，所有的养分、水分、光照，都是精确可调节的，都是按照计划定时、定量供给的。这时大麻的植株极小，生长周期极短，四氢大麻酚的含量却极高。这样的系统被称为“绿海”。波伦（M. Pollon）在《植物的欲望》一书中详细描述了阿姆斯特丹一个这样的“绿海”：一个没有窗户、完全与外界隔绝的小房间，一打开门有一股异味扑鼻而来，房间里面挤满了电气设备，各种电缆和塑料管纠缠在一起。其中一半面积（约6平方英尺）紧紧挤着约100株大麻，每株只有1英尺高，却已经长出了手指般粗壮的花萼，“它们饱吸着二氧化碳，吞食着养料，狂饮着水……这百来个急切的、恶魔般的侏儒，在这个月结束前就以3磅烘干的花蕾来感谢它们的园丁——这

些花大约值 13 000 美元”。

在上面的场景中，科学技术扮演了什么角色啊！如果将科学技术比作一个孩子，那么为了这孩子的健康成长，就需要引导、教育甚至训诫，要教育他不能去为培植毒品大麻、三聚氰胺毒奶粉、食用地沟油之类的“项目”服务。中国科学院路甬祥院长提倡“以伦理道德引导和规范科学技术”，不正是这个意思吗？而田松博士近年有名言曰：“科学曾经是神学的婢女，现在已经沦为资本的帮凶”——如果仅从这句话来看，这孩子真的是越来越学坏了，能不让人担心吗？

**图书在版编目(CIP)数据**

科学外史:珍藏版/江晓原著.—上海:上海人民出版社,2017
ISBN 978-7-208-14548-1

Ⅰ.①科… Ⅱ.①江… Ⅲ.①科学知识-普及读物
Ⅳ.①Z228

中国版本图书馆CIP数据核字(2017)第141219号

**责任编辑** 黄玉婷 黄好彦
**封面设计** 一千遍工作室

**科学外史(珍藏版)**
江晓原 著

**出　　版** 上海人民出版社
(201101 上海市闵行区号景路159弄C座)
**发　　行** 上海人民出版社发行中心
**印　　刷** 上海商务联西印刷有限公司
**开　　本** 890×1240 1/32
**印　　张** 9.75
**插　　页** 4
**字　　数** 191,000
**版　　次** 2017年7月第1版
**印　　次** 2022年11月第2次印刷
ISBN 978-7-208-14548-1/K·2648
**定　　价** 49.00元